Adolf Birch-Hirschfeld

Über die den provenzalischen Troubadours des XII. und XIII.Jahrhunderts

bekannten epischen Stoffe

Adolf Birch-Hirschfeld

Über die den provenzalischen Troubadours des XII. und XIII. Jahrhunderts
bekannten epischen Stoffe

ISBN/EAN: 9783744615334

Hergestellt in Europa, USA, Kanada, Australien, Japan

Cover: Foto ©ninafisch / pixelio.de

Weitere Bücher finden Sie auf **www.hansebooks.com**

UEBER DIE
DEN PROVENZALISCHEN TROUBADOURS
DES XII. UND XIII. JAHRHUNDERTS
BEKANNTEN
EPISCHEN STOFFE.

EIN BEITRAG ZUR LITERATURGESCHICHTE
DES
MITTELALTERS

VON
DR. ADOLF BIRCH-HIRSCHFELD.

HALLE A/S.
MAX NIEMEYER.
1878.

Das glänzende Verdienst der Provenzalen, zuerst von allen Völkern der romanischen Zunge ihre Muttersprache auf den Rang einer Literatursprache erhoben zu haben und, unangeleitet durch fremde Muster, Schöpfer einer eigenen Kunstdichtung geworden zu sein, hat bisweilen die Männer verleitet, die im Anfange dieses Jahrhunderts zuerst wider die Aufmersamkeit auf die Denkmäler der provenzalischen Literatur hinlenkten, die Bedeutung der Provenzalen für die literarische Entwicklung des Mittelalters für grösser zu halten, als sie es in der Tat gewesen ist. Mit besonderer Hartnäckigkeit ward die Behauptung verfochten, dass nicht allein auf dem Gebiete der Lyrik, sondern auch auf dem der epischen Dichtung den Provenzalen der zeitliche Vorrang vor den andern Völkern des romanischen Abendlandes, besonders aber vor den Franzosen, gebühre. Aber man ging dabei von vorgefassten Meinungen aus, die sich nicht auf eine unbefangene Prüfung des vorliegenden Materials stützten und verfolgte, um den einmal ausgesprochenen Satz von der Priorität der Provenzalen auch auf dem Gebiete der erzählenden Dichtung zu begründen, ein ganz unwissenschaftliches Verfahren. Als ein warnendes Beispiel dient in dieser Hinsicht Fauriel, der eifrigste Anwalt der Südfranzosen, dessen gewandte Feder bei Behandlung dieser Frage an den Hindernissen, die der objective Tatbestand seinen Behauptungen in den Weg stellte, mit einer oft wunderbaren, aber kaum lobenswerten, Leichtigkeit vorüberhuschte. Allerdings wird jetzt auf die blosse Autorität Fauriels hin keiner mehr die Behauptung aufrecht erhalten, dass die französche Literatur des Mittelalters in jeder Beziehung abhängig sei von der provenzalischen. Was besonders das französische volkstümliche Epos angeht, so ist es längst entschieden, dass dieses den Ausgangspunkt seiner Entwicklung nicht im Süden genommen hat. Obgleich nun also die Ansichten sich so weit geklärt haben, dass man weit entfernt ist von einer Ueberschätzung des Einflusses der Provenzalen auf die Literaturen der Nachbarvölker, so mag dennoch der im folgenden gemachte Versuch nicht ganz überflüssig sein, die in der überlieferten provenzalischen Literatur vorhandenen Anspielungen auf epische Stoffe zusammenzustellen und kurz zu besprechen. Denn so wenig eingehend, so flüchtig und unzureichend diese Anspielungen oft sind, es werden sich doch aus dieser Zusammenstellung derselben Resultate ergeben, die bedeutend genug sind, eine oder die andere literargeschichtliche Tatsache heller zu beleuchten.

Eine Zusammenstellung, wie sie von mir hier gemacht werden soll, ist schon in ähnlicher Weise versucht worden von Raynouard im zweiten Bande seiner Troubadours. Doch kann diese Stellensammlung keinen Anspruch auf Vollständigkeit machen, die dazu gegebenen Nachweise sind ungenügend, und die Anordnung der Citate ist nach keinem wissenschaftlichen Princip, sondern alphabetisch geschehen. Dann hat Fauriel im dritten Bande seiner Geschichte der provenzalischen Dichtung die in Frage stehenden Stellen aus provenzalischen Gedichten gesammelt und abgedruckt. Fauriel gibt mehr Citate als Raynouard, er befolgt, freilich ohne alle Consequenz, in der Anordnung der Stellen ein bestimmtes Einteilungsprincip; allein die provenzalischen Texte sind bei ihm teils durch Druckfehler entstellt, teils beruhen sie auf Lesarten schlechter Handschriften, und dazu fehlen alle genaueren Angaben über Herkunft der Citate. Die Vorwürfe, die dieser Zusammenstellung zu machen sind, würden vielleicht nicht zu erheben sein, wenn es Fauriel vergönnt gewesen wäre, die letzte Hand an sein Werk zu legen. Der hier besprochene Teil desselben ist, wie uns eine Notiz des Herausgebers belehrt, vom Verfasser nicht im druckfertigen Zustande hinterlassen worden. Freilich wären unter allen Umständen die Gesichtspunkte, die Fauriel leiteten, dieselben geblieben, denn die jener Stellensammlung eingestreuten Bemerkungen zeugen nur zu deutlich für die lebhafte Phantasie des Autors, die ihm bei jedem von einem Provenzalen genannten Namen, welcher einer erzählenden Dichtung angehören konnte, eine Chanson oder einen Roman provenzalischer Zunge hervorzauberte.

Zu meiner eigenen Arbeit übergehend, muss ich zuerst gestehen, dass absolute Vollständigkeit auch von mir nicht erreicht worden ist, indem mir nur soweit die Schätze der provenzalischen Literatur zu Gebote standen, als sie im Drucke erschienen sind. Das Hauptgewicht legt meine Arbeit auf die Lyrik: der bei weiten grösste Teil von lyrischen Gedichten ist gedruckt, die ungedruckten Gedichte kann man sich leicht aus dem Verzeichnisse von Bartsch (Grundr. S. 99—203) zusammensuchen; es wird sich zeigen, dass die wichtigeren Denkmäler der lyrischen Poesie wol alle schon leicht zugänglich gemacht sind.

Wie bemerkt, richte ich in dieser Arbeit mein Hauptaugenmerk auf die lyrischen Dichter des 12. und 13. Jahrhunderts, aber selbstverständlich mussten auch Dichtungen anderer Literaturgattungen berücksichtigt werden, so die letras und salutz d'amors, die didactischen Gedichte des Arnaut Guillem de Marsan, des Amanieu des Escas u. a., ferner die Romane Flamenca (besonders reich an Anspielungen) und Jaufre.

Der Roman von Flamenca würde durch das grosse Verzeichnis von Romanen, das er enthält, für unsere Untersuchung von hohem Interesse sein, wenn er nicht einer verhältnismässig jungen Zeit angehörte; denn allgemein setzt man[1]) seine Abfassung nicht früher als um die Mitte des 13. Jahrhunderts an.

Von ganz besonderer Wichtigkeit sind aber die zwei „Unterweisungen", die uns unter dem Namen Guirauts von Cabrera und Guirauts von Calanson überliefert werden. Ihnen schliesst sich noch als dritter an Bertran de Paris de Rouergue. Es sei mir gestattet, bei diesen noch etwas zu verweilen, ehe ich zur Behandlung des eigentlichen Themas übergehe. Das *ensenhamen* Guirauts von Cabrera ist nur in *einer* Hs. erhalten (Cod. Est. 153. Modena),[2]) wodurch uns die Möglichkeit geraubt ist, festzustellen,

---

[1]) Paul Meyer, der Herausgeber des Romans nimmt an, dass derselbe zwischen 1220 und 1250 verfasst sei (Flamenca, Introd. p. XXI.)

[2]) abgedruckt mit einigen Besserungsversuchen zuerst von K. Bartsch (Denkmäler S. 88 ff.), dann, mit Erläuterungen von Milá y Fontanals (De los trovadores en España) S. 269 und als einfacher Abdruck der Handš. bei Mahn (Ged. d. Tr. no 1033).

wieviele der in dem Gedicht enthaltenen Namen durch Missverständnis des Schreibers in verderbter Form überliefert sind. Den Versuch einer Biographie Guirauts von Cabrera hat Milá y Fontanals (De los trov. p. 265) geliefert. Nach ihm ist der Dichter urkundlich als lebend nachgewiesen noch im Jahre 1196 (a. a. O. S. 267). Die Unterweisung, an einen Spielmann Cabra gerichtet, ist das einzige erhaltene Gedicht Guirauts. Milá y Fontanals nimmt an, dasselbe sei um 1170 verfasst worden. Es lässt sich gegen diese Datirung nichts einwenden. Die Dichter, deren Poesien kennen zu lernen Guiraut dem Spielmann einschärft, sind Rudel († um 1147), Marcabrun, dessen jüngstes datirbares Gedicht wie P. Meyer neuerdings nachgewiesen hat (Romania VI. 119 ff.) ins Jahr 1147 fällt und Ebles, wol Ebolus. II, der aus Gottfried von Vigeois bekannte Vizgraf von Ventadorn, cantator genannt und Lehnsmann Wilhelms IX von Poitou. Also alles Dichter, die in der ersten Hälfte des 12. Jahrhunderts blühten. Wir finden keinen von den in der 2. Hälfte desselben Jahrhunderts berühmt gewordenen Namen. Nur der Name Anfos verhindert uns, das Gedicht zu hoch hinauf zu datiren, denn mit diesem kann nur Alfons II. von Aragon (1162—1196), der oberste Lehnsherr des Vizgrafen Guiraut gemeint sein. Ich halte demnach an der Datirung Milá y Fontanals fest.

Die Unterweisung des Vizgrafen von Cabrera fand einen Nachahmer in Guiraut von Calanson, der ein Gedicht von demselben metrischen Bau an einen Spielmann Fadet richtete. Zwei Handschriften überliefern uns dies *ensenhamen*. Nach der Pariser (La Vallière 14, fr. 201; R) gab davon Mahn einen Abdruck (Ged. No. 111). Besser überliefert ist das Gedicht in D (Cod. Est. no. 153), nach der es von Bartsch (Denkm. p. 94 ff.) unter Benutzung von der Ueberlieferung R herausgegeben ist. Dass Guiraut von Calanson Nachahmer Guirauts von Cabrera ist, kann, selbst wenn wir die zeitlichen Verhältnisse ausser Augen liessen, nicht bezweifelt werden; denn der Nachahmer hat es sich zur Aufgabe gemacht, solche Namen aufzuzählen, die sein Vorgänger noch nicht genannt hat. Hierdurch hat er sich die Sache erschwert und sich genötigt gesehen, die Namen der Helden und Heldinnen aus den antiken Sagenkreisen besonders in seiner Aufzählung zu bevorzugen, nachdem Guiraut von Cabrera die durch die Chansons de geste berühmtgewordenen Namen schon verwendet hatte. Uebrigens ist es bekannt, dass Guiraut von Calanson im Anfang des 13. Jahrhunderts gelebt hat, ein Klagelied von ihm auf den jungen Infanten Ferdinand, Sohn Alfons des III von Castilien lässt sich bestimmt datiren. Der Infant starb nämlich 1211 (s. Diez, Leben und Werke der Troub. S. 529). Unser Ensenhamen aber nennt zum Schlusse einen jungen König von Aragon; Guiraut spricht zu Fadet:

> Tu t'en iras
> En Aragon senes falhir
> Al joven rei,
> C'autre non vei,
> Miels sapcha bon mestier grazir.

Ohne Zweifel ist hier Peter II von Aragon (reg. 1196—1213) gemeint, und die Bezeichnung desselben als *joven rei* gibt uns das Recht, anzunehmen, dass das betr. Gedicht noch in die ersten Regierungsjahre des jungen Herrschers fällt. Es wird also c. 1200 verfasst worden sein.[1])

Das dritte Gedicht ist für unsere Zwecke minder wichtig. *Bertran de Paris* richtet die Belehrung an einen Spielmann, namens Guordo. Das Gedicht stammt aus dem 13. Jahrh. und ward spätestens um 1250 verfasst (Bartsch Grundr. u. in Eberts Jahrb. XI, S. 11—19). Die Form ist durchaus lyrisch, aber nachlässig gehandhabt. In den beiden Tornadas finden sich Reime, die im vorhergehenden Schlussverse fehlen. Abgedruckt

---

[1]) Auch Milá y Fontanals ist der Meinung, dass der in dem Ensenhamen genannte König von Aragon Don Pedro II. war. In der tornada eines anderen Liedes (Si tot l'aura) Guirauts heisst es:

> Del bon rei fauc ma lauzor
> D'Arago, quar ab honor
> Sab tot quant el fai despendre.

Ich glaube nicht, dass mit dem Könige von Aragon Jakob I. (1213—1276) gemeint ist, denn dieser war ein unmündiger Knabe, als er zur Regierung kam und wird erst später (etwa seit 1220) die Aufmerksamkeit der Troubadours auf sich gelenkt haben. Von Guiraut von Calanson haben wir aber ein datirbares Gedicht (1211), das noch in die Regierungszeit Pedros II. fällt, und da wir diesen sonst auch als Gönner der Troubadours kennen (s. hierüber Milá y Fontanals a. a. O. S. 134 ff.), so ist es das nächstliegende, zu glauben, dass Peter II jener König von Aragon war, von dem Guiraut v. Calanson in so anerkennenden Ausdrücken spricht.

ist unser Gedicht nach der einzigen Hs. (R) in den Denkmälern (S. 85 ff.). Zu den Namen, die darin angeführt werden, wird immer eine Bemerkung über die Schicksale oder Taten der genannten Persönlichkeit hinzugefügt, während die beiden Vorgänger Bertrans sich in den meisten Fällen mit blosser Anführung des Namens begnügten.

Nach diesen Vorbemerkungen wenden wir uns zur Besprechung der einzelnen Stellen. Da ich genötigt bin, die Citate nach der Verschiedenheit der epischen Stoffe, auf die sie sich beziehen, zu ordnen, so folge ich, drei Hauptabteilungen unterscheidend, der Autorität eines mittelalterlichen Dichters, nämlich der Jehan Bodels:

> Ne sont que troi matieres à nul home entendant,
> De France, de Bretaigne et de Rome la grant;
> Et de ces trois matieres n'i a nule semblant.
> Li conte de Bretaigne sont si vain et pesant,
> Cil de Rome sont sage et de san aprenant,
> Cil de France sont voir chascun jor apparant.

Der Begriff conte de Rome sei in etwas weiterm Sinne gefasst, und es seien überhaupt alle Stellen, die auf Stoffe des Altertums oder nach Griechenland hinweisen, zuerst behandelt.

I. Anspielungen der Troubadours auf epische Stoffe antik-classischen, byzantinischen und biblischen Ursprungs.

1. Stoffe aus der alten griechischen und lateinischen Sage und Geschichte.

Die Fülle des Materials, das die poetische Production des Mittelalters verarbeitete, ist geradezu erstaunlich: zu den Stoffen, die aus fernen Zeiten oder entlegenen Ländern herbeigeholt werden, liefert die antike Sagenwelt keinen geringen Beitrag. Wenn uns keine weiteren Zeugnisse erhalten wären, würden uns provenzalische Gedichte beweisen, dass in romanischer Sprache die Schicksale Thebens, Trojas und ihrer Helden in poetischer Form verkündet wurden.

Theben wird genannt in der Unterweisung *Guirauts von Cabrera* (Cabra juglar):

Ja non sabras
Ni de Tebas ni de Caton.[1])

gleich darauf wird Tideus genannt und einige Verse vorher heisst es:

Ni sabs d'Ytis
Ni de Biblis

Arnaut von Maruelh in einem Briefe, der etwa zwischen 1180 und 1190 gedichtet ist,[2]) (Domna genser qu'eu no sai dir) sagt:

Ni Antigona ni Esmena
Nil bel' Iseulz ab lo pel bloi
Non agro la mitat de joi
Ni d'alegrier ab lurs amis,
Com ieu ab vos, so m'es avis.

Bei Fauriel (a. a. O. III, S. 488) findet sich aus *Aimeric de Belenuoi* noch folgendes Citat, das mir nicht begegnet ist:

anc Hytis
jorn de Biblis
no fo tan enveyes.

Ich vermute hier ein Versehen, jedesfalls müsste es doch heissen: *anc jorn Hytis*.

Die oben angeführten Namen nun stammen aus dem Roman de Thebes, verfasst nach der Thebais des Statius von einem französischen Dichter des 12. Jahrhunderts.[3]) Athes oder Athys heisst dort der Liebhaber der Ysmaine (s. Rom. d. Tr. II, S. 364). Die Form Ytis bei Guiraut darf uns nicht auffallen. Wir finden dieselbe auch in einem französischen Gedichte, in dem *Donnez des Amanz* (s. Michels Tristan I, Introd. S. CXV. f.):

Si pernez garde de Heleine
et de Didun et de Ymeine
et de Ydoine et de Ysoud:
— — — — —
qnei feit Didun pur Eneas,
e Ydoine pour Amadas?
pour Itis quei refit Ymaine — —

---

[1]) viell. Catmon?

[2]) er war gerichtet an Adalasia, seit 1171 Gattin des Vizgrafen von Beziers, Roger II Taillefers († 1194); die Dame entzog später ihre Gunst dem Dichter und wandte sie dessen mächtigern Nebenbuhler Alfons II. († 1196) zu. (s. Diez a. a. O. S. 120 ff.)

[3]) s. über denselben: Joly, Benoit de St. More et le roman de Troie, II, S. 356 ff. Die Notiz über das Gedicht in der Hist. litt. XIX, 666 f. ist ganz ungenügend.

Ueber Tydeus und Antigone s. a. a. O. p. 362 und 364.

Wir dürfen also annehmen, dass schon vor 1170 das Gedicht des Statius in romanischer Sprache bearbeitet worden ist, denn selbstverständlich wird Guiraut von Cabrera die Kenntnis lateinischer Epen von seinem Spielmann nicht verlangt haben, da uns aber nun ein französischer Roman de Thebes aus dem 12. Jahrh. noch erhalten ist, so steht der Annahme nichts im Wege, dass es dieser ist, den Guiraut gekannt hat, und dass derselbe dann vor 1170 verfasst sein muss.

Bertran de Paris (Guordo) nennt Tydeus und Oedipus, letzteren in folgender Stelle:

> Ni no sabetz d'Aripodes l'efan
> Quil det lo colp sul pe ab lo cotel.

Dass der Verfasser der *Flamenca* den Roman de Thebes kannte, zeigen die Namen, die er in seiner Aufzählung von epischen Stoffen gibt (zuerst abged. v. Raynouard, Lexique Rom. I, S. 9 ff.); Tideu, Etidiocles (dieselbe Form im R. d. Th.), Catmus, Tebas.

Mehr noch interessirte das Mittelalter Trojas Geschick. Die älteste Anspielung auf dasselbe findet sich wider bei *Guiraut de Cabrera:*

> Jes non saubes,
> Si m'ajut fes,
> Del setge que a Troja fon

und weiter unten: *ni de Paris*. Arnaut Guillem de Marsan, der im 12. Jahrh. lebte, sagt in „der Unterweisung eines Junkers" (Qui comte vol apendre):

> Apenretz d'en Paris,
> Com Elena conquis,
> Las penas els malstratz.

Paris erwähnt auch *Cadenet* (Ende des 12. Anf. des 13. Jahrhs.):

> E s'ieu per vos jauzens
> De quis volgues fos Paris,
> O agues domnas conquis
> Quis volgues fos manens,

(Ai dousa flor benolens) und aus einem Gedichte *Ramon Jordans de S. Antonin* gibt Fauriel folgendes Citat:

> e scrai li lejals
> miellts qu'Elena no fo al fraire Ector.

Hierher gehören auch (aus der Canzone eines Anonymus nach Fauriel a. a. O. III, S. 494) diese Worte:

> Ab largueza qnel reis Paris fazia
> Ad Elena e trac de son estatge,
> Qu'anc noi fes colp de s'espaza forbia.

Zum Schlusse noch die Anspielungen *Guirauts von Calanson* (Fadet joglar):

> Pucis aprendras
> De Peleas
> Com el fetz Troja destruir,
> E de Argus
> De Dardanus
> Que premier la feron bastir,
> D'Eufrazion
> E de Jazon
> Com annet lo vell bon querir.

Vielleicht ist statt *E de Argus* zu lesen *D'Asaracus*, denn in R steht *de daracus*.

Weiter heisst es:

> Apren del pom
> Per que ni com
> Discordia lo fes legir.
> Del rei Flavis
> E de Paris
> Com lo saup lo vachier noirir;
> D'Artasenes
> E d'Ulixes,
> Com dea Venus fes perir;
> De Pelaus
> E de Pirrus
> Que *Licomedes* fes morir.

In der letzten Zeile ist mit R *Licomedes* und oben statt *morir* gegen beide Hss. *noirir* zu lesen.

Dann, nach einer Reihe von nicht hierherzustellenden Namen,

> De Guamenon.

Hier könnten wir mit einer leichten Besserung schreiben:

> D'Aguamenon

doch ist dies gar nicht nötig, im Roman de Troie des Benoit heisst es (Ausg. v. Joly):

> v. 185 Quant Gamennon et Ménélax,

wonach auch im provenzalischen Gedichte die Form Guamenon

für Agamenon zulässig wäre. Denn dass sowol Guiraut von Cabrera als Guir. von Calanson auf den Roman Benoits anspielen, ist mir nicht zweifelhaft. Pelaus (Peleus) ist ein Begleiter des Hercules, als dieser Troja das erste Mal zerstört (Benoit v. 2128 ff.). Guir. v. Calanson nennt erst einen Pelcas, dann Pelaus (: Pirrus). Bei Benoit scheinen die beiden Personen in eine zusammengeflossen zu sein, denn er hat nur Peleus, der bei ihm auch den Argonautenzug veranlasst, den er bekanntlich auch erzählt. Pirrus und Licomedes erscheinen ebenfalls im Roman de Troie, Pirrus wird bei Licomedes erzogen, ehe er nach Troja kommt,

> v. 22495 f: al rei Licomedes le sage;
> car il fait norrir un vallet
> filz de sa fille alques grandet,

das ist Neptolemus (v. 23719), später Pirrus (v. 23795) genannt. Hieraus rechtfertigt sich die oben gemachte Emendation. Einige unerklärte Namen bleiben in den aus Guir. v. Calanson angeführten Stellen: Flavis, Artasenes, Eufrazion. Wo sie herstammen, weiss ich nicht zu sagen.

Assaracus, Dardanus, die Ahnherrn des trojanischen Königshauses, sind Benoit unbekannt, auch kennt er den Apfel der Eris (*apren del pom per que ni com Discordia lo fes legir*) nicht. Trotzdem möchte ich daran fest halten, dass die Trojasage erst durch die Bearbeitung Benoits bei den provenzalischen Dichtern populär geworden sei. Wenn der Herausgeber des Roman de Troie die Abfassung dieses Werkes zwischen 1175 und 1185 fixirt, so gibt es doch keine zwingenden Gründe, die uns verwehren, das Gedicht noch um ein Jahrzehent weiter hinauf zu datieren. Ist der Roman de Thebes aber jünger als der Roman de Troie, wie Joly annimmt (a. a. O. I, 101 ff.), so wird das eine Werk bald nach dem andern verfasst sein.

Ich stelle nun noch die Anspielungen auf den trojanischen Sagenkreis, die erst dem 13. Jahrh. angehören, zusammen.

Aus *Bertrans de Paris* Ensenhamen (Guordo):

> Ni d'Aluxe qui fo ni que saup far.
>
> Ni no sabetz cossi pres del jayan
> A Tydeus, cant li tolc del castel.

Ni no sabetz per que selet son nom
Palamides sul palaitz al prim som.

De Priam(us) lo rei no sabetz re
Ni de sos filhs, si fero mal o be.

Ni d'Achilles no cug sapiatz re

Ni no sabetz qui fetz Hector ancir.

Vielleicht gehört hierher auch
Ni no sabetz d'Adamelon lo gran,
wenn statt Adamelon Laomedon zu lesen ist.

Die *Flamenca* nennt: Priamus, Elena, Paris, Ulixes, Ector, Achilles, Jason.

Später als der trojanische Krieg scheinen die Irrfahrten des Aeneas bei den Troubadours berühmt geworden zu sein. Guiraut von Cabrera kennt Aeneas noch nicht; zuerst nennt ihn wol *Arnaut Guillem de Marsan* (Qui comte):

Aprendetz d'Eneas

Guiraut von Calanson nennt eine ganze Reihe von Namen, die aus der Aeneis stammen:

E de Pallas
E d'Eneas
Com el anet secors querir;
D'Escaneus
E de Tornus
Com saup del Montalban issir,
De Sibilla
De Camilla
Com sabia grant colp ferir

E d'un' amor
Qu'es de dolor
De Dido car s'en vole aucir —

D'Orielus
E de Nisus
Con lor amors nos poc partir.

Diese Namen alle sind uns bekannt aus dem Epos Virgils, aber Guiraut kannte sie aus dem Roman d' Eneas des Benoit (s. die Besprechung und Analyse des Gedichts bei Joly a. a. O. II B. S. 318 ff.).

Eine ganz specielle Anspielung auf eine Stelle dieses Romans enthalten auch die Verse der *Flamenca*:
>Lavina
>Con fes lo breu el cairel traire
>A la gaita del auzor caire.

(vgl. hiermit das Citat aus dem R. d' Eneas bei Joly II S. 353). Eneas und Dido werden auch in der Flamenca genannt. Es steht hier unserer Annahme nichts im Wege, dass die Provenzalen die Aeneis durch Vermittlung des französischen Bearbeiters kennen gelernt haben.

Wenden wir uns jetzt zur Besprechung der Stellen, die auf Ovid und besonders dessen *Metamorphosen* zurückweisen.

Bernart von Ventadour braucht in einem Gedichte, das vor 1153 verfasst ist[1]), folgendes Bild (Ab joi mou lo vers):
>Cum de Pelahus la lansa
>Que del sieu colp non podia hom guerir
>Si d'autra retz no s'en fezes ferir.

Der Dichter kannte also die Erzählung von der Verwundung des Telephus durch die Lanze des Peleus und den hierauf bezüglichen Orakelspruch (ὁ τρώσας καὶ ἰάσεται); Ovid gibt die Erzählung in den Met. XII. v. 112 ff. Hier sind wir wol gezwungen, an eine directe Bekanntschaft des Troubadours mit dem römischen Dichter zu denken, denn es muss als sehr zweifelhaft erscheinen, dass es schon in so früher Zeit (um 1150!) eine Bearbeitung der Metamorphosen durch einen Franzosen oder Provenzalen gegeben haben sollte. Der Roman de Troie, der von dem Einfall Achills in Mysien (Messe) erzählt und auch den Telephus kennt, (v. 6417 ff.) weiss von der Lanze nichts.

Sehr vertraut waren die Troubadours mit den Schicksalen Pyramus und Thisbes (Ovid. Met. IV, 55 ff.). Zuerst nennt dies antike Liebespaar *Guiraut von Cabrera*:
>De Piramus
>Qui for lo(s) murs
>Sofri per Tibes passion.

---

[1]) es ist an Bel Vezer gerichtet, unter welchem Namen wol Alais von Montpellier, Vizgräfin von Ventadorn, zu verstehen ist, deren Hof Bernart verliess, als er zu Eleonore von Poitou nach der Normandie ging. Eleonore verliess aber 1154 mit ihrem neuen Gatten Heinrich II. von England die französische Heimat. (s. H. Bischoff, Biogr. des Tr. Bernh. v. Ventadorn. Berlin 1873. S. 22 f.)

Arnaut von Marueil in dem, oben schon citirtem Briefe (zw. 1180 u. 1190), welcher „Domna, genser" beginnt, sagt:
>Blancaflors ni Semiramis
>Tibes — —
>— — —
>No agro la meitat de joi
>— — — —
>Cum ieu ab vos, so m'es avis.

Rambaut de Vaqueiras (Aram requier sa costum e son us), bald nach 1194:[1])
>e l'am per son cosselh
>Mais qu'anc Tibes non amet Piramus

Eine Tenzone *Rufians* und *Izarns* gehört vielleicht noch in's 12. Jahrhundert, weil darin der Tod Jaufre Rudels erwähnt wird (Vos que amatz cuenda domna plazen):
>E car morie en Jaufres voluntos
>Per sa donna, el n'a bons laus de nos,
>Sis' a le pros Piramus cissamen:
>Car per Tibes s'aucis fes gran corage.
>Vencutz seres que res nous defen,
>En Rofian, car greu a trop en no
>D'anar a mort cels que bon ni pro so,
>Chascuns i fug mout voluntieremen
>E car s'aucis en Piramus le tos,
>Fo faillimens aitals, so sabem nos:
>Car si fos vius, jauziral joi janzen,
>Quant venc Tibes don l'amors fon follaje.

Anfang des 13. Jahrhunderts lebte *Elias von Barjols* (Diez a. a. O. S. 541):
>Et ieu am la miels e mai
>No fes Piramus Tibe

(Tot en atretal esperansa, nach DM von Guir. v. Salignac).

Peire Cardenal (Cel que fe tot quant es):
>E li fin amador
>Piramus e Tibers

Arnaut de Carcasses in den Novas del papagai:
>Ni de Tibers quant al pertus
>Anet parlar ab Piramus,
>C'anc nulhs hom non l'an pot tornar.

In der *Flamenca* wird *Piramus* auch genannt.

---
[1]) das Gedicht ist an Beatrix v. Carret gerichtet, die Schwester Bonifaz des II. v. Montferrat (reg. seit 1192) und fällt noch in die erste Zeit des Aufenthalts Raimbauts am Hofe des Markgrafen. (s. Diez a. a. O. S. 270 ff.)

Die Erzählung von Thisbe und Pyramus hat einen französischen Bearbeiter gefunden, dessen Gedicht noch erhalten ist (s. Hist. litt. XIX S. 765 ff.) und das wol im 3. Viertel des 12. Jahrhunderts nach Südfrankreich gekommen sein kann.[1]) Denn wir müssen immer bedenken, dass im Jahre 1155 der Achtsilbner schon mit grosser Gewandheit gehandhabt worden ist. Verhältnismässig früh wird auch Narcissus (Ovid. Met. III, 339 ff.) erwähnt. *Bernart de Ventadorn* vergleicht sich mit ihm (Quant vei la lauzeta mover):

> Qu' aisssim perdei, cum perdet se
> Lo bels Narcisius en la fon.

Guiraut von Cabrera spricht

> De Nersisec

und *Peirol* (Mout m'entramis):

> Eu ai dich mal anz follei follamen,
> Qu' anc Narcisu|s qu' amet l'ombra de se
> Si bes mori non fo plus fols de me.

In der *Flamenca* endlich heisst es:

> com neget en la fon
> Lo bels Narcis

Das eben citirte Lied Bernarts von Ventadorn gehört vielleicht noch in die erste Zeit des Dichters[2]) (vor 1153), und so liesse sich darin ein weiterer Beweis finden für die directe Bekanntschaft desselben mit Ovid. Jedoch scheint die Erzählung vom Narciss auch sonst nicht unbeliebt gewesen zu sein. Eine Stelle in Pierre le chantres Verbum abbreviatum (er lebte i. d. 2. Hälfte des 12. Jahrh. u. † 1197 s. hist. litt. t. XV), die man schon öfter angeführt hat (Hist. litt. XIX S. 761), und wo von den Spielleuten die Rede ist, lautet:

> *videntes cantilenam de Landrico non placere auditoribus, statim incipiunt de Narcisso cantare, quod si non placuerit, cantant de alio.*

Narciss ist nun der Held einer kleinen altfranzösischen Erzählung in Achtsilbnern, die analysirt ist in der Hist. litt. Bd. XIX S. 761 ff. Da wir die Abfassung der kleinen Erzählung wol

---

[1]) Allerdings können die Provenzalen die Erzählung von Pyramus u. Thisbe auch direct aus Ovid kennen gelernt haben.
[2]) s. Bischoff. a. a. O. S. 46 ff.

ius 12. Jahrh. verlegen dürfen, so lässt sich nichts gegen die Behauptung einwenden, dass auch dieses Gedicht nach Südfrankreich und zu Guiraut von Cabrera gelangt sei.

Möglicherweise ist auch der Name Danes bei Guiraut aus dem eben bezeichneten Gedichte entnommen, da in demselben die den Narciss liebende Königstochter Danes heisst; es wäre dann bei Guiraut de Danes vielleicht lesen st. del D. (s. Bartsch. Denkm. S. 92 v. 36).

Guiraut wirft ferner seinem Spielmann vor, dass er nichts weiss (a. a. O. S. 92, v. 27 f.):

>   Ni de Biblis
>   Ni de Caunus nuilla faisson.

Die Hs. hat *Caumus*, das ist aber nicht Cadmus, wie Milá y Fontanals meint (De los trov. en España S. 275), sondern es ist *Caunus* zu lesen. Die Geschichte der Byblis und des Caunus erzählt Ovid Met. IX, 450 ff.

Aus *Guirauts von Calanson* Unterweisung ergibt sich, dass auch Daedalus und Icarus bekannt waren:

>   De Dedalus
>   De Jacarus
>   Com voleron per gran dezir;

Ebenfalls verrät *Richart de Barbezil* Kenntnis ihrer Geschichte (Atressi cum l'orifans):

>   Ben sai qu' amors es tan grans
>   Que leu me pot perdonar,
>   S'ieu failli per sobramar,
>   Ni reignei cum Dedalus
>   Que dis quel era Jhesus,
>   E volc volar al cel outracuidans;
>   Mas Dieu baisset l'orgoill e lo sobrans.

Endlich sagt *Bertran de Paris* (Guordo):

>   Ni com issi Dedalus de volan
>   Dins de la tor on sofri man turmen,
>   Ni com passet Perdics son mandamen,
>   Car se ders tant ques cujet enantir
>   Per qu'en la mar l'avenc mort a sofrir.

Und in der *Flamenca* begegnet man den Versen:

>   L'autre contet con Dedalus
>   Saup ben volar et d'Icarus,
>   Co neguet per sa leujaria.

Perdix ist bekanntlich (Ovid. Met. VIII, 237 ff.) der Neffe des

Daedalus. In demselben Buche Ovids ist die Rede vom Minotaurus, bei Guir. v. Calanson folgt nach den eben citirten Versen die Zeile

Del Semitaur,

ohne Zweifel auf das kretische Untier sich beziehend. Ferner steckt in D' Epolibus (Bartsch. Denkm. S. 99, v. 29) vielleicht Hippolytus[1]) (Ovid Met. XV, 497 ff.). Hierzu fügen wir noch, dass der belesene Raimbaut de Vaqueiras einmal (Aram requier) vom Hunger des Tantalus spricht.

Aus der Flamenca ersehen wir, dass die Jongleurs auch erzählen

de Pluto, com emblet
Sa bella mollier ad Orpheu,

wol auch nach Ovid (Met. X, 31 ff.). Aus dieser Erzählung kann Raimbaut de Vaqueiras das Gleichnis vom Tantalus genommen haben.[2])

Merkwürdig ist die Erwähnung von Hero und Leander und die von Phyllis und Demophoon in der *Flamenca*

com tornet en sa forsa
Phillis per amor Demophon

und

d' Ero e de Leandri.

Beide Erzählungen mögen auch aus Ovid stammen, aber nicht aus den Metamorphosen, sondern die erste aus dem 2. die andere aus dem 18 (17.) und 19. (18) Briefe der Heroiden.

Während nun für Pyramus und Thisbe und Narcissus der Beweis nicht mehr geliefert zu werden braucht, dass sie die Helden in altfranzösischer Sprache verfasster Gedichte bildeten, können wir aus der Erwähnung der anderen Namen nur den Schluss ziehen, dass ein Teil der Metamorphosen noch ausser den genannten Stücken in romanischer Uebertragung existirte. Am wahrscheinlichsten ist es, dass diese Bearbeitungen fran-

---

[1]) Ist dann in dem Verse Bertrans de Paris
Ni d'Ateon lo fol orat que fe
statt d'Ateon: de Teson zu schreiben, indem wir die Stelle auf die Verwünschung des Hippolyt durch Theseus beziehen?

[2]) In der Erzählung von Orpheus u. Eurydice erwähnt Ovid den Tantalus v. 41: Nec Tantalus undam Captavit refugam —

zösisch waren, da uns einer der bedeutendsten Dichter der
Franzosen im 12. Jahrh. selbst erzählt, dass er Uebersetzungen
von Gedichten des Ovid gemacht habe; denn Chrestien de
Troies beginnt seinen Cliget mit folgenden Worten (s. Holland,
Chrest. v. Tr. S. 48):

> Cil, qui fist d'Erec et d'Enide
> Et les commandemens d'Ovide
> Et l'art d'amors en rime mist,
> Et le mors de l'espaule fist
> Du roi Marc et d'Yseult la blonde,
> Et de la hupe et de l'aronde
> Et del rossignol la muance,
> Un novel conte recommenoe.

Ausser den Remedia amoris und der Ars amatoria hat Chrestien
also den Metamorphosen seine Aufmerksamkeit zugewendet,
denn den letzteren hat er nach den obigen Worten die Mythen
von Pelops, Tereus, Philomela und Prokne entlehnt (vgl. Holland
a. a. O. S. 34). Es kann demnach ebensogut die Kenntnis anderer
ovidischer Erzählungen den Troubadours durch französische
Bearbeitungen vermittelt worden sein.[1]

Verlassen wir die Kreise griechischrömischer Mythe und
werden wir uns zu einem geschichtlichem Helden, Alexander,
auf den allerdings auch die Mythe und Sage der verschiedensten
Völker ihr verklärendes Zauberlicht gegossen hat.

Wie Jehan Bodel die epischen Stoffe in drei Hauptmaterien
gliederte, hat sich, entsprechend dieser Dreiteilung, das Mittelalter
drei Fürstenideale geschaffen: Alexander, Karl der Grosse,
Artus. Zwei dieser Männer bleiben auch vor der schärfsten
Kritik des Historikers Erscheinungen von grösster weltgeschichtlicher
Bedeutung, und indem die Sage diese Bedeutung würdigt,
bewahrt sie bei aller dichterischen Ausschmückung, bei allen
Verstössen gegen historische Tatsächlichkeit, sich doch einem
Kern innerer Wahrheit; der dritte Fürst, der ritterliche König
Artus, ist beinah gänzlich ein Geschöpf der Phantasie, mit dem,
wie mit so vielen anderen Fabelgestalten, keltischer Hang zur

---

[1] Bei alledem soll nicht geleugnet werden, dass nicht auch ein
oder der andere Troubadour (z. B. Bernart v. Ventadorn) seinen Ovid
im Original gelesen haben könnte. Nicht selten wird von den Troubadours
Ovid als Autorität in Liebessachen angeführt: s. hierüber Diez,
Poesie d. Tr. S. 126 ff.

Vergrösserung die Literatur des Mittelalters beschenkte: erst durch das in seiner Art vortrefflich geschriebene Werk eines britischen Geistlichen erhielt die abendländische Welt Kunde von der einstigen Existenz des Welteroberers Artus. Wir lassen nun die Anspielungen auf den macedonischen Helden folgen:

Guiraut von Cabrera:
Non sabs ques fei
D'Alixandre fil Filippou
und:
De Daire ros
Que tan fon pros
Que se defendet de traizon

Zur Erläuterung des auffallenden Epitheton ros stelle ich gleich daneben *Peire de la Mule* (Ja de razo):
Per dar conquis Alixandres Roais¹)
E per tener perdet Daris lo Ros

In einer Tenzone zwischen Guillem Augier und Guillem, die vielleicht noch ins 3. Viertel des 12. Jahrhunderts fällt, heisst es (Guillem prims est):
C'Aleissandre venquet Porus
E sa gran ost le tornet en paubreira
Ab son saber, per qu'en sec en cadeira —

Peire Vidal (Sim laissava chantar) um 1187 ²):
Alexandres fon niens
Contra qu'ieu seria

Von demselben (Anc no mori per amor)³).
E pois val pauc rics hom, quan pert sa gen,
Qu'a Dairel re de Persa fo parven.

Pons de Capduelh (Ar nos sia capdoills) 1188 od. 1189 (s. Diez a. a. O. S. 260):
Qu' Alixandres que tot lo mon avia
Non portet ren mas un drap solamen.

---

¹) Roais ist Edessa: Balduin de Rohais in der Chanson d'Antioche.

²) die Canzone ist an Adalasia von Marseille gerichtet, über die Datirung s. Bartsch, Peire Vidal S. XXXII f.

³) um 1187, die Tornada richtet sich an Richard Grafen von Poitiers und tadelt diesen, dass er Gott um das Kreuz betrogen habe. (Diez. a. a. O. S. 159); Richard führte aber als König bekanntlich sein Versprechen aus (1189).

Raimbaut de Vaqueiras (Honrat Marques) c. 1196. in der Epistel an Bonifaz II. von Montferrat:

> Aleissandres vos laisset son donar!

In dieselbe Zeit fällt die Canzone Aram requier (s. o. S. 13.) *Raimbauts*:

> Bona domna, aitan arditz e plus
> Fui, quan vos quis la joia del cabelh
> E quem dassetz de vostr' amor cosselh,
> No fon del saut de Tyr Emenadus.

So steht bei Raynouard (III, 288), Rochegude (P. O. S. 78) hat: de Gadre Menaudus, die im Arch. f. n. Spr. widergegebene IIs. U. (35,413) *del samit de tir dan festius*.

Peire Vidal (Ben viu a gran dolor) im J. 1197 (Bartsch, Peire V. S. LIV):

> Qu' Alexandres moric
> Per sos sers qu' enriquic,
> El rei Daire feric
> De mort cel qu'el noiric.

Gaucelm Faidit (Fortz chauza es) im Klagelied auf den Tod Richards von England (1199):

> Qu' Alixandres lo reis que venquet Daire
> No cre que tan dones ni tan meses.

Nicht näher datirbar, aber noch ins 12. Jahrh. gehörend, ein Lied *Arnaut Daniels* (Ar vei vermeilhs):

> Jamais la bela nom regart
> On m'est al cors durmen veillan,
> Qu' eu non voill ges quan pens sas grans valors
> Esser ses lieis tant cum vale Alixandres.

Raimbaut de Vaqueiras (No m'agrad' iverns ni pascors), während des Kreuzzuges, nach 1202 also:

> Anc Alixandres no fetz cors
> — —
> tan honrat.

Von Dichtern, die im 13. Jahrh. blühten, gehören hierher folgende Stellen:

Aimeric de Pegulhan (Aram par ben) auf den Tod des Markgr. Wilhelm von Malaspina († c. 1230):

> Qu' anc no fo tan larcs segon mon parer
> Alexandres de manjar ni d'aver

Guillem de la Tor (Zeitgen. Sordels) sagt (Plus que las domnas):

>Plus que las domnas qu'en aug dir
>Qu' Alixandres trobet el broill,
>Qu' eran totas de tal escuoill,
>Que no podian ses morir
>Outra l'ombral del bruoill anar,
>Non poiri' eu ses mort loingnar
>D'amor — —

Elias Cairel um 1224, s. Diez a. a. O. S. 560 (Pos chai la foila del garric):

>E del emperador Enric
>Vos die aitan que be sembl' al rei Daire
>Qui sos baros gitet de lor repaire,
>Dont il ac pois de morir gran reguart.

Die *Flamenca* nennt natürlich auch *rei Alexandre*.

Bertran de Paris (Guordo):

>Ni del bon rei Neptanabus prezan
>Per que laisset sos homes ses capdel.

Zu dieser Stellensammlung füge ich noch einige Worte. Bekanntlich ist durch eine glückliche Entdeckung P. Heyses der Beweis erbracht, dass ein in romanischer Sprache geschriebenes Alexanderlied schon in sehr früher Zeit, schon im 11. Jahrh., existirt hat und die Vorlage vom Alexanderlied des Pfaffen Lamprecht gewesen ist. Es fragt sich nun, beziehen die Anspielungen der Troubadours sich auf diesen älteren Roman d'Alixandre des Mönchs von Besançon, oder auf das bedeutend jüngere Gedicht, das wir der schriftstellerischen Tätigkeit Lamberts des Krummen und Alexander Bernays verdanken.

Bei Guirant von Cabrera macht uns zunächst Daire Ros stutzig, eine Lesart, die durch die Anspielung des viel spätern Peire de la Mula gesichert ist. Die Bezeichnung des Darius als des roten begegnet uns nicht bei Lamprecht, denn dessen Alexander muss uns seine verlorene Quelle ersetzen, noch im späteren Roman d'Alexandre. Der Zusatz
>que se defendet de traizion

lässt sich aus dem Inhalt beider Werke erklären.

Die zuerst citirte Stelle aus P. Vidal, eine blosse Renommage des Dichters, hat keinen Wert. Wichtiger ist die folgende. Peire Vidal sagt, ein Mächtiger nütze wenig, der seine eigenen Leute verderbe wie Darius von Persien. Hier haben wir eine bestimmte Beziehung zum jüngern Roman d'Alixandre. Nämlich dort kommt der Neffe des Darius, Samson, zu Alexander und erzählt, dass sein Oheim ihn vertrieben habe (Ausg. v. Michelant S. 18, 8 ff.):

> Je suis niés le roi Daire, ne le te doi celer,
> Fius sui de sa serour, si me déust amer;
> Mais il me tot ma tere, pour moi desireter.

Hiervon findet sich nichts in Lamprechts Alexander. Noch deutlicher bezieht sich die andere Stelle bei P. Vidal (in *Ben viu*) auf den Alexanderroman. Als nämlich Darius seine Vasallen beruft, damit sie ihm beistehen, sagen diese (Rom. d'Alex. S. 254, 30 ff.):

> Combatent soi li serf que il a enrichis,
> Que nos avoirs nos tolent et font clamer caitis,
> Ja cil n'aura la tiere qui nos en face pis.

Und als er von seinen Sklaven sich vergiftet fühlt, schreibt Darius an Alexander (S. 257, v. 20 f.):

> En ceus que j'ai noris, essauciés et levés
> A dolor me font vivre, si com véir poés.

Hier haben wir entsprechend dem *qu'el noiric* das *que j'ai noris*. Und ähnlich wie Vidal sagt, dass Alexandre den Tod fand durch die *qu'enriquic*, heisst es im Rom. d'Al. (S. 526, 19 f.):

> Ahi! Antipater traitres, Deu mentis
> Com estoies por lui ounorés et siervis,
> Et de si rices fiés casés et enricis.

Der Plural bei Vidal darf uns nicht stören; denn auch bei Alexander von Bernay sind es zwei Verräter, (Jovispater und Antipater), die am Tode Alexanders schuld sind.

Durch die eben gegebenen Nachweise werden auch die aus Gedichten Peires de la Mula und des Elias Cariel angeführten Anspielungen erläutert.

Die Stelle, die aus einer Canzone des Pons de Capduelh mitgeteilt wurde, bezieht sich gewiss auf die Worte, die im Alexanderroman dem Aristoteles in den Mund gelegt werden, als er an das Todtenbett seines Herren tritt (R. d'A. S. 525, 35 f.):

> Maines rois qui gis lá mors et deschoulouris
> Com as sor poi de tiere, com est petis tes lis;
> Et si me deis-tu .j. fois a Brandis
> Que cis mondes estoit à .j. homme petis.

Auch die unvergleichliche Freigebigkeit Alexanders, diese schätzenswerteste Eigenschaft eines Fürsten nach dem Urteile wandernder Sänger, wird erst von Lambert dem Krummen und Alexander von Bernay in die ihr gebührende glänzende Beleuchtung gerückt sein.

Raimbaut von Vaqueiras, Gauselm Faidit und Aimeric von Pegulhan preisen Alexanders Lust zum Schenken. Sie könnten dies kaum in überschwänglicheren Ausdrücken tun, als es im Alexanderroman geschieht. Da heisst es beim Tode des macedonischen Königs:

> Largesces estoit ta mère, tu estoies ses fis,
> En douner ert ta joie, ta glore et tes delis.

Oder (S. 530, 32 f.):

> Vus nos douniiez vair et gris et hermine et pour nous faire rices, prendiies o rapine quanque vous trouvies sor le gent sarrasine. S. 532, v. 38 heisst A.: fontaine de largesce, vgl. S. 534, v. 22; 536, v. 6 f.; S. 536 v. 34 f.: ounor, sens et largesce avoient en vus mis lor cuer et lor entente a vous servir tous dis; S. 538, v. 35 u. s. w. Besonders die Peroratio des Dichters besteht in einer Ermunterung zur „largesce".

Raimbaut von Vaqueiras nannte auch einen Emenidas und rühmte dessen Kühnheit beim *saut de Tir*. Dieser Name kann nur aus dem jüngern Alexanderroman stammen; denn der Alexander des Pfaffen Lamprecht kennt Emenidas nicht. Im jüngern Romane aber ist er *confanoniers* Alexanders (s. S. 16, v. 33). Die Tapferkeit, die Emenidas bei dem Sturm auf Tyrus bewies, wird in dem Gedichte sehr hervorgehoben (R. d'A. S. 201, v. 24. S. 208). Wenn daher Raimbaut zu seiner Dame sagte, er sei durch ihr Entgegenkommen so angefeuert wie Emenidus beim Sturm auf Tyrus, so dachte er an die Stelle im Roman, wo Alexander durch sein Lob den Emenidas ermutigte (R. d'A. S. 208).

Endlich die oben angeführten Worte Guillems de la Tor beziehen sich auch auf den jüngern Alexanderroman. Hier ist die Rede von Frauen, die den Schatten des Waldes nicht verlassen können, ohne zu sterben.[1])

Wenn also mit Sicherheit festgestellt ist, dass die Auspic-

---

[1]) Eine dieser Frauen sagt zu Alexander (B. d'A. S. 345, v. 36 f.):
> Gentius rois, ne m'ocis, france cose ounorée,
> Quar s'estoie plain pié de la forest jetée
> Que cuise des ombres une seule passée,
> Tautos seroie morte, tele est ma destinée.

lungen der Troubadours nur aus dem Werke Lamberts des
Krummen und Alexanders v. B. erklärt werden können, so
haben wir damit auch einen Anhalt für die Datirung des Gedichts gewonnen. Der Roman wird vor 1187 verfasst worden
sein, da ein Lied Peire Vidals aus dem J. 1187 eine unzweifelhafte Beziehung auf eine Stelle des Romans enthält. Eine
starke Stütze gewinnt aber unsere Aufstellung durch die grosse
Anzahl der übrigen Anspielungen: einer zweiten Peire Vidals
aus dem J. 1197, einer fast gleichzeitigen Raimbauts de Vaqueiras und endlich einer solchen des Pons de Capduelh aus
dem J. 1188 (od. 1189) u. a. m. Diese Zeugnisse sind von
ungleich grösserer Autorität, als die Worte Aimons von Varennes, der seinen Florimont, den er 1188 beendigte, also beginnt:
Seigneur, je scay asses de fy
Que d'Alixandre avez ouy.
Denn da man nicht weiss, welchen Alexanderroman Aimon
meint, so geben die Verse auch keinen „schlagenden Beweis",
wie Michelant glaubt (a. a. O. S. XVI), dafür, dass der Roman
d'Alexandre Lamberts schon vor 1188 verfasst ward. Allerdings gelangen wir durch die Zeugnisse der Troubadours zu
demselben Resultat wie der Herausgeber des Alexanderromans,
nur ist unser Resultat sicherer begründet.

Absichtlich habe ich zwei Stellen noch nicht besprochen,
nämlich eine aus dem Ensenhamen *Guirauts von Calanson,*
wo es hiess:
E de Amon[1])
Con fes Felip espaorir
die mit der andern, wo von rei Neptanabus, „der seine Mannen
ohne Führer liess" die Rede ist, zusammen zu betrachten ist.
Die Fabel, dass der Aegypter Neptanabus in der Gestalt des
Gottes Amon die Olympias getäuscht habe und so der eigentliche Vater Alexanders geworden sei, ging aus dem Pseudo-Kallisthenes in die lateinische Uebersetzung über, wird aber als
eine abscheuliche Verdächtigung zurückgewiesen von Lamprecht
und demnach auch von Auberi de Besançon; ebenfalls wollen
Lambert li Tors und Alexandre de Bernay nichts von der

---

[1]) ich wähle hier die La der schlechteren Hs. gegen Bartsch (Denkm.
S. 97, 2). Der Hiatus wird von Guiraut von Cal. ebenso wenig gemieden
wie von Guir. von Cabrera.

Geschichte wissen[1]). Woher stammen nun die Anspielungen Guirauts und Bertrans? Gewiss aus einem Alexanderroman, dessen Verfasser die Ehre der Olympias weniger am Herzen lag, als seinen Vorgängern oder Zeitgenossen; denn Kenntnis des Julius Valerius oder einer andern lateinischen Bearbeitung des Pseudo-Kallisthenes verlangten die Troubadours gewiss nicht von ihren Spielleuten. Um nun nicht die Zuflucht zu einer provenzalischen Alexandreis nehmen zu müssen, erinnern wir uns eines anglonormanischen Poeten, des Thomas von Kent. Auch dieser verfasste ein Gedicht, dessen Held Alexander war, und er verschmähte es nicht, die Episode von Neptanabus und Olympias aufzunehmen. Ob er den Stoff nach Alexandre de Bernay behandelte, ist nicht mit Bestimmtheit zu entscheiden; aber er kann seine, wie es nach den wenigen im XIX Bande der Hist. litt. (S. 673 ff.) gegebenen Beispielen scheint, etwas ungeschickte Reimerei ganz wol um 1190 niedergeschrieben haben. Soviel aus den spärlichen Angaben der Hist. litt. zu ersehen ist, folgte Thomas von Kent in der Erzählung der Geburt Alexanders der Darstellung des Julius Valerius.[2]) Die Anspielungen Guirauts und Bertrans erklären sich demnach ganz ungezwungen aus dem Roman des Thomas.

Neben Alexander ward auch Julius Caesar der Held eines erzählenden Gedichtes. Auch dies musste nach *Guiraut von Calanson* der Spielmann vortragen können. Das besagen folgende Verse:

---

[1]) Lamprecht (ed. Weismann) v. 83:
    Noch sprechint manige lugenêre,
    Daz er eines goucheléres sun wêre,
    Alexander, daz ih û von sagen:
    Si liegent alse bôse zagen.
Alexandre und Lambert verteidigen ebenso die Ehre der Olympias und bezeichnen die ihr nachteiligen Gerüchte als Verleumdungen, wie sie leicht Damen von offnem und heiterm Wesen verfolgen:
    Autresi font encor li garçon plain d'envic,
    N'est dame, se tant fait, que ele jut ne rie,
    Ne monstre bel semblant, que ne soit envaie
                           (s. Rom. d'Al. S. 4).
[2]) Nectanabus flieht nach Jul. Valerius, (Pseudo-Kallisthenes) aus Aegypten, weil ihm dort Gefahr droht, hieraus erklärt sich das
      per que laisset sos homes ses capdelh
des Bertran de Paris.

und:
>De Pompeigon
>E de Dragon
>Con anet a tonas murir
>
>E pueis aprens
>Con cil den Rens
>En feron Julius fugir
>
>— — — —
>
>E de Bretus
>De Cassius
>Con saubron lor senhor aucir —

Ebenso sagt *Bertran de Paris* (Guordo):
>Ni de Cezar que tot lo mon conques
>Sabetz petit, car pauc n'avetz apres —

Auch die Flamenca nennt eine Erzählung de Julius Cezar.

Bekanntlich lieferte im 12. Jahrh. Jacques de Forest eine gereimte freie Uebersetzung der Pharsalia Lucans.[1]) Allerdings lässt sich aus dieser die zweite Anspielung Guirauts wol nicht erklären; ebenfalls die Ermordung Caesars durch Brutus und Cassius, von der Guiraut mit deutlichen Worten spricht, wird soviel ich aus den Angaben Jolys ersehe, von Jacques de Forest nicht erzählt, denn derselbe verfolgt das Leben Caesars nur bis zu dessen Triumphen nach Niederwerfung der Feinde.

Ich bemerke noch, dass Guiraut von Calanson auch eine Erzählung kennt, die die Gründung Roms behandelt:
>De Romulus
>E de Remus,
>Cil que feron Roma bastir

2) Anspielungen auf Stoffe byzantinischen Ursprungs.

Dem Neubegründer von Byzanz, Constantin gebührt der Vorrang, wenn auch nicht behauptet sein soll, dass die Fabel, auf die von zwei Troubadours angespielt wird, eigentlich zu den byzantinischen Stoffen gehört.

Guiraut von Cabrera sagt:
>De Costanti
>Non sabs c'on di
>De Roma ni de Prat Neiron[2])

---

[1]) S. die Notiz darüber im XIX. Bd. der Hist. littér.; eingehender beschäftigt sich Joly mit dem Gedichte (a. a. O. II. S. 383—390).

[2]) Die Prata Neronis, auf denen vielleicht die vom Troubadour angedeutete Begebenheit sich abgespielt haben mag, sind jedem bekannt

Ausführlicher spricht sich *Bertran de Paris* aus (Guordo):
> De Costanti l'emperador m'albir
> Que no sabetz com el palaitz major
> Per sa molher pres tan gran deshonor,
> Si que Roma'n volc laissar e gurpir;
> E per so fon Constinobles mes
> En gran rictat, car li plac que bastis,
> Que cen vint ans obret c'anc als no fe;
> E jes d'aisso non eug sapiatz re.

Das ungetreue Weib des Kaisers kennt auch Auberi von Burgund (Chans. d. G. Auberi le Bourguignon s. hist. litt. XXII S. 323):
> Par femes sont maint preudome abatu.
> Rois Constantins qui tant estoit cremu,
> En fu honis, ce avons nous seu,
> Par Seguiton qui moult ot tort le bu;
> Ce fu uns nains, petis et recréu,
> Set ans la tint, ains que fust percéu.

Und im Tristanfragment (Berox. Michel I, 16) spricht Marc:
> Par moi aura plus dure fin
> Qui ne fist faire Constantin
> A Segoron qu'il escolla,
> Quant o sa fame le trova.

Man sieht, dass schon sehr früh eine Geschichte in Umlauf war, die die Uebersiedlung Constantins nach Byzanz mit der ihm durch die Untreue seines Weibes zugefügten Beschimpfung motivirte. Die zuletzt citirten Stellen beweisen, dass eine französische Version der Erzählung bekannt war. Diese ist wol verloren gegangen[1]) (freilich kein empfindlicher Verlust), aber eine deutsche Version existirt in der Weltchronik von Jansen dem Enenkel.[2])

---

als pré Noiron aus den Chansons de geste. Unzählige Male erscheint die Schwurformel:
> Par icel saint apostre, c'on quiert en Neiron pré

Gui de Bourg, v. 863 (v. 3989) Parise la Duchesse v. 267. Amis et Amiles v. 508, 803, 890 und ö. Huon de Bord. v. 9514. Fier. v. 309, 453 u. s. w.

[1]) In einem Verzeichniss von Büchern, die Guy Beauchamps, Earl of Warwick, der Abtei Bordesley vermachte (s. Tristan v. Michel. I. p. CXXI) erscheint:
> un volum del Romaunce deu Brut et del Roy Costentine.

[2]) Man findet diese Episode abgedruckt in Massmanns Ausg. der Kaiserchronik III, 572: Das Weib Constantins gibt sich einem missge-

Ich stelle gleich hierher die Erwähnung Virgils bei Guiraut von Calanson, da wenigstens eine Fabel, zu deren Helden der Zauberer Virgil gemacht worden ist, sicher griechischen Ursprungs ist.
Die Anspielung bei *Guiraut* lautet:

> De Virgili,
> Com de la conca s saup cobrir
> E del vergier
> E del peschier [1]
> E del foc qu'el saup escantir;
> De Menelau
> Com el a frau
> Fel mirail de Roma fremir.

Auch gehören hierher die vorher stehenden (Bartsch Denkm. S. 96, 29 f.) Verse:

> E del tezaur
> Qu' Octovian fes sebelir.

Die citirten Stellen enthalten das älteste Zeugnis in ungelehrter Sprache über die Existenz einer Virgilsage und verdienten daher mehr hervorgehoben zu werden als es Comparetti in seinem ausgezeichneten Werke über Virgil im Mittelalter tat. Und selbst von den lateinischen Autoren ist nur das Alexander Neckams (De natura rerum) und Johanns v. Salisbury vielleicht um ein Dutzend Jahre älter (Comparetti a. a. O. II, S. 30); denn der Brief des Kanzlers Konrad (1194) steht dem Gedichte Girauts zeitlich schon sehr nahe (s. o.) und Gervasius von Tilbury [2] (Otia imperalia), der Seneschall des arelatischen Reiches, schrieb 1212, also zu einer Zeit, wo nach dem Zeugnisse Guirauts schon die Spielleute auf den Märkten und an den Höfen mit den abenteuerlichen Geschichten von Virgil ihre

---

stalteten Bettler hin, beide Schuldige werden mit dem Tode bestraft; aber die Uebersiedlung Constantins nach Byzanz erfolgt nicht unmittelbar darauf. Im Hintergrund dieser Anekdoten steht die geschichtliche Tatsache, dass Constantin auf eine falsche Anklage hin seine Gattin Fausta dem Tode überlieferte.

[1] so schreibe ich statt des handschriftlichen pesquier, s. u. die Begründung.

[2] Comparetti hat in höchst dankenswerter Weise am Schlusse seines Werkes (Virgilio nel Medio Evo II, p. 169 ff.) die „Testi di leggende Virgiliane" mitgeteilt. Konrad von Querfurt, Gervasius und Alexander Neckam sind die zuerst citirten Zeugen.

Hörer ergötzten. Victor bestreitet [1]) die Behauptung Comparettis, dass es eine volkstümliche in Neapel heimische Sage von Virgil gegeben habe und ist der Meinung, dass die Sage zuerst in gelehrten Kreisen entstanden sei und von diesen aus ihre Verbreitnng gefunden habe. Es kann hier nicht der Ort sein, die Verteidigung von Comparettis Ansicht zu unternehmen. Ob die Sage jemals in Neapel heimisch gewesen, dies zu untersuchen, liegt mir auch fern, aber soviel wenigstens scheinen die angeführten Stellen aus dem Ensenhamen des Guiraut von Calanson zu beweisen, dass im 12. Jahrhunderte schon auf romanischem Gebiete in der Volkssprache verfasste Erzählungen vom Zauberer Virgil in Umlauf waren, und auf diesen konnten ganz wol die Berichte der in gelehrter Sprache schreibenden Autoren, wie die Alexander Neckams, Konrads und des Gervasius beruhen. Diese drei Männer haben nachweislich, wenn nicht ihre ganze Lebenszeit, doch einen Teil derselben in Ländern zugebracht, die von Jongleurs romanischer Zunge durchstreift wurden. Indem sie ferner nur gelegentlich die über Virgil verbreiteten Fabeln berühren, geben sie sich nicht den Anschein, als ob sie aus einer lateinischen Vita Virgilii schöpften. Am meisten weiss Gervasius zu erzählen, doch ist, wie bemerkt, sein Bericht jünger als das Zeugnis des Troubadours. Alexander Neckam widmet dem Zauberer Virgil nur einige kurze Worte und Konrad spricht nur in einem nach Deutschland gerichteten Briefe von einigen Wunderwerken in Neapel, die von Virgil geschaffen sein sollten. Guiraut von Calanson dagegen verlangt von seinem Spielmann die Kenntnis eines zusammenhangenden Gedichtes, das von Virgil handelt. Daraus ergibt sich mit Sicherheit, dass die poetische Behandlung des Gegenstandes in der Volkssprache ebenso früh zum wenigsten bezeugt ist, als die Existenz von einer fabelhaften Virgiltradition innerhalb gelehrter Kreise. Dazu kommt aber noch, als eine durchaus nicht unwahrscheinliche Annahme, dass jene gelehrten Zeugen die volkstümlichen Virgilerzählungen gekannt haben.

Da wir nun also, soweit unsere Zeugnisse reichen, das als

---

[1]) Victor: Der Ursprung der Virgilsage (Zs. f. Roman. Phil. I., S. 165—178).

das älteste anerkennen müssen, welches von einer zusammenhangenden Behandlung der Virgilsage in einer Volkssprache Nachricht gibt; so lässt sich vorläufig die Behauptung nicht widerlegen, dass es eine volkstümliche Virgilsage gegeben hat. Dass die dieser Sage angehörigen Fabeln zuerst nach Südfrankreich gelangt sind und von da sich weiter über das Abendland verbreitet haben, ist ferner im höchsten Grade wahrscheinlich.

Ich gebe nun die Nachweise zu den einzelnen auf Virgil bezüglichen Anspielungen Guirauts. Zuerst das *com de la conca s saup cobrir* wird erläutert durch eine von Comparetti[1]) nach Du Méril citirte Stelle aus einem lateinischen Autor des 13. Jahrhunderts. Mit den Worten *E del vergier* ist ferner der zauberhafte *hortus Virgilii* gemeint, von dem Al. Neckam (Comparetti II, 176) und Gervasius (Comp. II, 174) erzählen. Der Vers *E del pechier* (d. h. Krug, engl. pitcher) bezieht sich auf das Bild von der Stadt Neapel, „in ampulla vitrea magica arte ab eodem V. inclusa, arctissimum habente orificium, in cujus integritate tantam habebant (sc. cives Neapolit.) fiduciam, ut eadem ampulla integra permanente, nullum pati posset civitas detrimentum[2])".

Ferner die Worte Guirauts „*e del foc quel saup escantir*" deuten auf die Rache Vigils, die er durch Auslöschen der Feuer Roms an der Tochter des Kaisers übte, welche ihn vorm Volke lächerlich gemacht hatte. Es sei bemerkt, dass diese Geschichte in ihrem zweiten Teil aus byzantinischer Quelle stammt, nämlich ebenso wie Virgil rächt der Zauberer Heliodor sich wegen einer ihm angetanen Beschimpfung.[3])

---

[1]) a. a. O. II., 133. 1. Anm.: Virgilio si libera di prigione facendosi portare dell' acqua in una conca nella quale egli s'immerge e tosto sparisce. Ganz ähnliches wird erzählt vom griechischen Zauberer Heliodor A. SS. Febr. III. p. 255: ut autem allata est (pelvis cum aqua) continuo in eam se coniicit et ex oculis abit: salvus sis, imperator, quaere me Catanae.

[2]) Conrad von Querfurt (b. Comparetti II, 169). Der Kanzler bindet seinen Freunden in Deutschland auf, er habe diesen gläsernen Krug in seiner Gewalt, und da er Neapel doch erobert hat, meint er: sed forte quia ampulla modicum fissa est, civitati nocuit.

[3]) Hierauf macht schon Massmann (a. a. O. II', S. 453) aufmerksam; der auch die von dieser Geschichte handelnden Verse der Weltchronik

Die nun folgende Stelle *de Menelau com et a frau fel mirail de Roma fremir* ist ebenfalls ein interessantes Zeugnis über die Virgilsage. Sie hängt mit der Salvatio Romae zusammen, von der die Kaiserchronik schon weiss, und den anderen Zauberwerken, die Virgil zu Rom gefertigt haben soll. Von einem Wunderspiegel wissen allerdings die älteren Quellen alle nichts, ausser dem Roman des sept Sages, wo von einem Spiegel erzählt wird, der das Nahen von Krieg, Dieben und Räubern anzeigt.[1]) Ein König von Ungarn gibt vier Leuten Schätze, um den Spiegel zu zerbrechen. (Hieraus erklären sich die Worte Guirauts.) Die Gesellen vergraben einen Teil der Schätze bei Rom und gehen dann zum König von Rom, um diesem gegenüber vorzugeben, ihnen würde durch Träume kundgetan, wo Schätze vergraben lägen. Hierauf bezieht sich die zuletzt von uns gegebene Stelle aus Guiraut: *e del tezaur qu' Octovian fes sebelir*. In der Fassung wie die etwas verwirrte Geschichte im Roman des Sept Sages vorliegt, wird Guiraut sie nicht gekannt haben, das beweisen die Namen Octavian und Menelau, die an der betr. Stelle im Roman nicht vorkommen, aber dass wir es nur mit zwei Versionen derselben Geschichte zu tun haben, ist zweifellos.

Wenn Floire und Blancheflour durch die französischen Bearbeiter ihrer romantischen Schicksale zu Vorfahren Karls des Grossen gemacht sind, so gehört ihr Roman doch nicht minder zu den auf byzantinischer Stoffquelle beruhenden Gedichten. Es scheint dieser Roman sich bei den Troubadours einer grossen Beliebtheit erfreut zu haben, denn die Anspielungen auf denselben sind verhältnismässig zahlreich. Die älteste Erwähnung findet sich in einem Liede der Gräfin *Beatrix de Dia*. Da sie ihre Lieder an Rambaut d'Aurenga († 1173) richtet, so gehören sie wol noch in die Mitte des 12. Jahrhunderts:

---

von Jansen dem Enenkel widergibt. Comparetti handelt darüber im 8. Kapitel des 2. Teiles seines Buchs über Virgil und erwähnt (a. a. O. S. 111) auch die oben besprochene Stelle aus Guirauts Ensenhamen.

[1]) Roman des Sept Sages her. v. Keller (Tübingen 1836) v. 3972 ff:
   Virgilles fist un mireour
   Ki molt par fu de grant valor
   u. s. w.

(Estat ai en greu cossirier)
>Ben volria mon cavallier
>Tener un ser en mos bratz nut,
>Qu'el sen tengra per errebut
>Sol c'a lui fesses coseillier;
>Quar plus m'en sui abellida
>Non fis Floris de Blancaflor.

Guiraut von Cabrera:
>Ni de Floris

Arnaut von Maruelh in dem schon oben citirten Briefe (Domna gensor) aus den 80er Jahren des 12. Jahrhunderts:
>Blaucaflor ni Semiramis
>Non agro la meitat de joi
>Ni d'alegrier ab lurs amis
>Cum ieu ab vos, so m'es avis.

Raimbaut de Vaqueiras in einer Canzone (Leu pot hom), die noch vor die Zeit seines Aufenthalts in Montferrat (etwa seit 1192) fallen dürfte (das Geleit nennt Johan ses terra):
>Et anc Floris de Blancaflor
>No pres comjat tant doloiros,
>Com eu, dompna, sim part de vos — —

Gaucelm Faidit um 1200 (Ges nom tuelh):
>Pro m'esta miels d'amor
>Qu'a Floris el palais.

Dem 13. Jahrhundert gehören die nun folgenden Dichter an.

Folquet de Romans (Ma bella domna, per vos):
>Que meill non pres a Raol de Cambrais
>Ni a Floris qu'an poget el palais.

Peire Cardenal (Cel que fes tot quant es):
>Blancaflor e Floris

Isnart d' Entrevenas (Del sonet d'en Blacatz)
>Ni Floris qu'er amatz

Poiol, Zeitgenosse Sordels und Blacatz (S'il mal d' amor):
>No sai hueimais on diga mas clamors,
>Quar trop mes luenh Floris e Blancaflors,
>Que cascuns d'elhs m'en fora ben guirens.

Uc de la Bacalaria (Per grazir la bon' estrena):
>Floris, Tristans ni Amelis
>No foron de amor tan fis.

Aimeric de Belenui um 1240 (Diez a. a. O. S. 557) in S'a midons:

> Ni Blancaflors
> Tan greu dolor
> Per Flori nou senti,
> Quan de la tor
> L'emperador
> Per s'amistat cyssi.

Fauriel führt noch (a. a. O. III, 460) aus dem Gedicht eines Evesque joglar d'Albi (?) an:
> senes error
> pus que Floris ab Blancaflor
> sui en amans.

Arnaut de Carcasses (Novas del papagai):
> No vos membra de Blancaflor
> Qu' amet Floris ses tot enjan.

Der Roman von Jaufre und Brunissende:
> Que far m'o fai forsa d'amor,
> Que fes Floris a Blancaflor,
> Tant amar, qu'era filz de rei
> Que partir lo fes de sa lei.

Bezeichnend für die Beliebtheit des Romans ist eine Stelle in der Flamenca:
> Va sus, Aliz, e contrafai
> Quem donos pas, si con il fai,
> Pren lo romanz de Blancaflor.

Da der Dichter die Wahl hat, aufs Geratewol irgend ein Buch zu nennen, fällt ihm dieser Roman ein als eins der Bücher, das zur beliebtesten Unterhaltungslectüre der Edelfrauen gerechnet ward.

Es ist wol nicht erst nötig, im einzelnen nachzuweisen, auf welche Stellen des Romans die obigen Aeusserungen der Troubadours, soweit sie sich nicht auf blosse Nennung der beiden Namen beschränken, eine Beziehung haben.

Es gibt, wie man weiss, zwei altfranzösische Versionen des Romans. Jede derselben allein würde ausreichen, um die Anspielungen der Provenzalen zu erklären. Nun nimmt man aber, vielleicht mit Unrecht, an, dass die beiden französischen Romane zu jung seien, als dass Beatrix von Dia sie gekannt haben könnte. Hieraus scheint Bartsch mir einen übereilten Schluss zu ziehen (Grundr. S. 20), wenn er behauptet „es muss auch eine provenzalische Bearbeitung der Geschichte von Floris und Blancaflor gegeben haben", weil die Gräfin von Dia „auf den Stoff auspielt". Warum kam hier Bartsch nicht auf den Gedanken, aus der Existenz zweier sich sehr nahestehenden Versionen auf das einstige Vorhandensein einer den jüngern Texten zu Grunde liegenden Bearbeitung desselben Stoffes zu schliessen. Und dieser älteste Roman musste dann nicht notwendig provenzalisch sein, sondern war höchst wahrscheinlich französisch, weil die späteren Bearbeiter gewiss weit bedeutender von einander abgewichen wären, wenn sie Uebersetzungen aus dem Provenzalischen und nicht die Ueberarbeitung eines altfranzösischen Romans geliefert hätten. Ulrich von Gutenburg,[1]) der noch in einer frühen Periode des deutschen Minnesangs dichtete, bezog sich doch ohne Zweifel nur auf einen französischen Roman! Denn er spricht von *Blanscheflur*, nicht von *Blancaflor*, und von der *Roche bise*. Uebrigens ist das ehemalige Vorhandensein eines altfranzösischen Romans von Flore und Blancheflour im 3. Viertel des 12. Jahrhunderts nach dem neuerdings gemachten glücklichen Funde[2]) zweifellos sicher gestellt. Da jetzt bewiesen ist, dass in Deutschland Konrad Fleck schon einen Vorgänger gehabt hat, der um 1170 einen deutschen Floyris dichtete, und dass dieser nach französischer Vorlage[3]) sich gerichtet hat, können wir es nicht als unmöglich betrachten, dass die Troubadours, die am ehesten Flor und Blancaflor nennen, einen *französischen* Roman gekannt haben.

Es kann demnach nicht als eine literaturgeschichtlich notwendige Forderung betrachtet werden, dass ein provenza-

---

[1]) s. M F. 74, 22 ff:
    Daz Flôris muost durch Planschiflûr
    Sô grôzen kumber liden,
    Dazu was ein michel wunder niet,
    Wan si grôz ungeverte schiet.

[2]) Die Fragmente eines niederrhein. Gedichtes von Flor und Blancheflor, aufgefunden von Schümann, veröffentlicht von Steinmeyer in Haupts Zs. XXI. S. 27 ff.

[3]) Einmal zwingt uns zu dieser Annahme schon alles, was bisher über den Einfluss der französischen erzählenden Dichtung auf die deutsche bekannt geworden ist. Ausserdem aber weisen die Formen der Namen in dem deutschen Fragment auf eine franz. Quelle zurück: Blantsefluor, Floyris. Steinmeyer scheint a. a. O. S. 317 der Annahme nicht abgeneigt, dass die eine der noch vorhandenen französischen Versionen die Quelle des deutschen Gedichtes gewesen sei.

lischer Roman von Floris und Blancaflor existirt haben müsse.
Etwas anderes ist es aber, wenn die Frage aufgeworfen wird,
wie dieser ursprünglich byzantinische Stoff zuerst nach dem
Westen gelangt sei. Dass hier die Provenzalen die Vermittler
gewesen, hat grosse Wahrscheinlichkeit für sich. Behandlung
byzantinischer Stoffe durch Provenzalen scheint vorzuliegen in
den Novas del papagai des Arnaut de Carcasses und in dem
Roman von der Flamenca. Die rege Beteiligung der Provenzalen an den Kreuzzügen mochte die Herübernahme von Schöpfungen byzantinischer Dichterphantasie in die heimische Sprache und Literatur von seiten der Provenzalen nicht wenig begünstigen und erleichtern. Aber ich darf es mir jetzt nicht gestatten, etwas näher auf diesen Punkt einzugehen. Die in
unserer Untersuchung zuerst zu beantwortende Frage ist immer
diese: lassen sich die provenzalischen Anspielungen aus französischen Gedichten, die noch vorhanden sind oder für deren
ehemaliges Vorhandensein genügende Beweise vorliegen, befriedigend erklären? Diese Frage konnte für Floris und Blancaflor bejaht werden.

Wir wenden uns zu einem andern Stoffe, zu dem des
Apollonius von Tyrus. Ein unzweifelhaft griechischer Roman,
der selbst im volkstümlichen Gewande einer französischen
Chanson de geste (Jourdain de Blaivies) seinen Ursprung nicht
verleugnet.

Zuerst bei *Guiraut de Cabrera*:

    D'Apoloine
    Non sabes re
    Qu' estors de man deperizon. [1]

und Guillem *Arnaut de Marsan* (12. Jahrh.):

    D'Apollonius de Tyr
    Sapchatz comtar e dir,
    Com el fos perilhat,
    El e tot son bernat;
    En mar perdet sas gens
    E pueis issic en terre,
    On li fon ops a querre
    Vianda don hom vieu
    Com un paure caitieu;
    Mas pueis n'ac gran honor — —

---

[1] dieser Vers scheint schlecht überliefert

C'amor li rendet sai,
Mais qne non perdet lai,
E fo rei com denans
Fort e ricx e prezans.

Auch in der Flameuca wird Apollonius erwähnt:
Apolloine
Com si retenc Tyr de Sidoine.

Es sind die oben angeführten Verse die beiden ältesten Zeugnisse für das Vorhandensein eines Apollonius in romanischer Sprache. Lamprecht bezieht sich auch auf die Geschichte im Alexanderlied, aber er kann das lateinische Buch im Sinne gehabt haben.[1]) Ausser der alten lateinischen Uebersetzung gibt es keine Version der Geschichte, die noch ins 12. Jahrhundert zu setzen wäre. Der spanische Rey Apollonio gehört höchstens dem 13. Jahrh. an. Noch viel jünger sind die beiden französischen Prosaromane von Apollonius.[2]) Indes kann der eine derselben (der andere soll nach den Gesta Romanorum gearbeitet sein) ganz gut die modernisirte Bearbeitung, vielleicht Prosaauflösung, einer altfranzösischen Vorlage sein. Wir könnten vielleicht mit mehr Wahrscheinlichkeit das einstmalige Vor-

---

[1]) Alex. ed. Weismann v. 1247 ff:
Zestöret lach dô Tyrus.
di stifte sint der kuninc Apollonius.
von dem di buoch sagent noch,
den der kuninc Antioch
ubir mere jagete,
wander ime sagete
ein rêtisle mit forhten,
daz was mit bedecketen worten
gescriben in einen brif.

s. dazu die Bermerkungen des Herausgebers (I, 473 ff.); derselbe versteht nur den mhd. Ausdruck di buoch nicht richtig, wenn er glaubt, Lampr. hätte mit diesem Plural sagen wollen, „dass die Geschichte in mancherlei Bearbeitungen bekannt war."

[2]) Es existiren (nach Grässe, Sagenkreise S. 458) zwei Drucke, ein Genfer, ohne Jahrszahl und ein Pariser (1530). Wie Grässe nach Duplessis (Catalogue des mss. de la bibl. de Chartres. Chartres 1840) angibt, gibt es in Chartres eine altfranz. Hs: Lystoire de Apollonius qui apres les pestilences et fortunes quil ot en mer et ailleurs, fust roy de Antioche.

Die spanische Version ist zuletzt herausgegeben in Ribadeneyras Biblioteca in dem Bande, der die poetas castellanos anteriores al siglo XV enthält.

handenseiu eines solchen altfranzösischen Gedichtes annehmen, wenn es wahrscheinlich wäre, dass Lamprecht die Anspielung aus der Quelle mit herübergenommen hätte, aber da nachweislich der deutsche Bearbeiter eigene Zusätze gemacht hat, die das Original nicht haben konnte (z. B. die bekannte Anspielung auf den Kampf auf dem Wülpensande), so wird auch jene Erwähnung des Apollonius im Alexanderlied von Lamprecht herrühren, und, wie schon bemerkt ward, auf des Verfassers Kenntnis der lateinischen Version der Geschichte beruhen. Da die Tatsachen so liegen, bleibt die Annahme, dass es einen provenzalischen Apollonius de Tyr gegeben hat, mit einiger Wahrscheinlichkeit aufrechterhalten.

Der Freundschaftsroman Athis und Prophilias ist möglicherweise dem Guiraut von Cabrera bekannt gewesen. Ich schliesse das nur aus den Worten

De Guajeta,

die im Ensenhamen vorkommen. Guayete heisst nämlich die Geliebte und spätere Gemahlin des Athis in dem genannten Gedichte Alexanders von Bernay (s. Hist. littér. t. XV, S. 185). Dass der Roman schon vor 1170 verfasst worden sei, ist nicht unmöglich. Doch bleibt jene vereinzelte Anspielung immerhin unsicher.

In dem Romane von Partenopex de Blois hat man eine Umbildung der Erzählung von Amor und Psyche erkennen wollen. Wir dürfen deshalb diesen Roman wol an dieser Stelle mit einordnen. Es findet sich eine Anspielung auf denselben bei *Uc Brunet* (Ab plazer recep). Das Gedicht, welches die betr. Stelle enthält, wird auch Arnaut Daniel zugeschrieben (Fauriel gibt das Citat unter diesem Namen); aber Arn. Daniel kann den Roman des Denys Pyram, der am Hofe Heinrichs III. von England lebte, nicht mehr gekannt haben. Anzunehmen, dass ein anderes Werk als das des Denys gemeint sei, ist aber nicht nötig:

E per bonaventura feing
Joios d'amor plus que no suoill,
Car lai en l'encantada ciu
Menet ad aventural n'avei
Lo rics Partenopieu de Bloi
El gaug meillor l'agradiu.

3) Biblische Stoffe.

Eine ziemliche Anzahl von biblischen Namen finden wir bei Guiraut von Calanson: Natan, Satan, Salomon, Macabieu, Ismael, Israel, Olorfenes, Juzei (Judith). Aus dem Ensenhamen Bertrans de Paris führe ich an: Moyzen, Apsalon, Salamon, Nabucodonozor, Sennacherib. Aus dem Roman der Flamenca: Philisteu Golias, David; Samson, Dalila; Machabeu. Ich versage es mir, alle Stellen herzusetzen, wo in einem Liede oder Sirventes ein biblischer Name erwähnt wird. Diese Namen konnte jeder in der Kirche und im geistlichen Schauspiel sich zu eigen machen. Die Erwähnungen in den beiden Ensenhamens und in der Flamenca zeigen nur an, dass man auch vom Spielmann den Vortrag biblischer Erzählungen verlangte. Doch scheinen dieselben einer späteren Periode anzugehören, da Guiraut von Cabrera sie noch mit Stillschweigen übergeht. Denn der Salomo und Davi bei ihm sind nicht, wie Milà y Fontanals von letzterem behauptet (a. a. O. S. 272), die jüdischen Könige, sondern Helden der Karlssagen (hierauf kommen wir später noch einmal zurück), die zufällig jüdische Namen tragen.

Es sei nur zu den oben zusammengestellten Namen bemerkt, dass die Geschichte des Judas Machabaeus (der von Guiraut und in der Flamenca genannt wird) um 1240 von dem Trouvere Gautier de Belleperche in französische Reime gebracht wurde. (De la Rue, Bardes et Jongleurs T. II. S. 178 und Reiffenberg, Ausg. des Phil. Mouskes. T. I. S. CXCV.). Vielleicht hat dieser Gautier schon einen Vorgänger gehabt.

Eigentlich nicht in das Fach der erzählenden Poesie gehört die Spruchweisheit, die man bei verschiedenen Völkern in einer Rahmenerzählung zusammengefasst findet, deren Helden der alttestamentliche König Salomo und ein bäuerischer Weiser namens Markolf oder Morolt sind. Aber es mag nicht unangebracht sein, auf eine Stelle im Ensenhamen des Guiraut von Cabrera aufmerksam zu machen, deren Bedeutung Milà y Fontanals entgangen, und die darum nicht uninteressant ist, weil sie der bekannten Anspielung Wilhelms von Tyrus[1]) auf

---

[1]) Guilielmus Tyrius (Hist. rer. in part. transmar. gest. bei Bongars p. 633): quem fabulosae popularum narrationes Marcolfum vocant, de

die Erzählung von Salomo und Markolf an Alter nicht nachsteht. Ich meine die Worte:

> Non sabes plus
> Ni del reprojer de Marcon.

Dieser Anspielung steht eine andere, vielleicht noch ältere zur Seite, in einem Liede Raimbauts d' Aurenga sich findend (Apres mon vers vucilh):

> Sap mais qui vol sos ditz segre
> Que Salamos ni Marcols,
> De fatz ric ab ditz entendre.

Im Französischen entspricht dem Marcol ein Marcoul; aber es erscheint auch der Name in der Form Marcon, so in: Les Dits de Salomon et aussi ceulx de Marcon (eine modernisirte Bearbeitung eines älteren Gedichts; b. Leroux de Lincy, Livre des proverbes p. CVI) und in anderen Bearbeitungen.[1]

II. Anspielungen auf Stoffe, die dem bretonischen Sagenkreise angehören.

Es ist eigentlich wunderbar, wie jemals die Behauptung aufgestellt werden konnte, dass die bretonischen Sagen eher in die höfische Poesie Südfrankreichs eingeführt worden seien als in die Nordfrankreichs. Die einzige Entschuldigung fand diese Behauptung in der Tatsache, dass auf dem Gebiete der langue d'oc die Kunstpoesie früher auf eine höhere Stufe der Ausbildung gelangte als innerhalb der Grenzen der langue d' oil. Aber man liess dabei ausser Augen die den Nordfranzosen eigentümliche Richtung auf die Pflege der erzählenden Poesie, wie sie sich so deutlich manifestirt in der grossartigen Ausbildung der nationalen epischen Dichtung. Musste man hieraus nicht den Schluss ziehen, dass die Bewohner des nördlichen Frankreichs die ersten waren, welche die in ihrer unmittel-

---

quo dicitur quod Salomonis solvebat aenigmata, et ei respondebat acquipollenter iterum solvenda proponens. (vgl. Hist. litt. XXIII S. 655 f. u. Crapelet, Proverbes et Dictons populaires, u. Méon, Nouveau Recueil (Paris 1823. t. I. p. 416 ff).
[1] s. Grässe a. a. O. S. 469.

baisten Nachbarschaft entstandenen und gepflegten Traditionen in ihre Literatur einführten? Freilich hat sich die Kenntnis der Gedichte des bretonischen Sagenkreises schon früh im Süden verbreitet. Tristan ist der erste Held bretonischer Herkunft, der von einem Troubadour genannt ward. Tristan und Isolde sind gewissermassen das classische Liebespaar der Minnepoesie. *Raimbaut d' Aurenga* († 1173) ist zuerst zu nennen (No chan per auzel ni per flor):

> Sobre totz aurai gran valor,
> S'aitals camisa m'es dada
> Cum Iseus det a l'amador:
> Que mais non era portada;
> Tristan mout prezet gent prezen;
> D'aital sui eu enquistaire,

Guiraut von Cabrera:

> Ni de Tristan
> Qu' amava Isent a lairon.

Folquet de Marcelha (dichtete etwa bis 1195 s. Diez a. a. O. S. 248) Meravill me com pot:

> Qu'ieu sui guirens:
> Plus vos am ses enjan
> Non fes Iseutz son bon amic Tristan

Pons de Capdoil (Astrucs es cel) dichtete bis 1190 (starb auf dem Kreuzzuge s. Diez S. 260 ff.):

> Bem deu valer s'amors, quar fis amans
> Li sui trop mielhs no fos d'Iseut Tristans

und (Qui per nesci cuidar):

> Domna genser qu'ieu sai,
> Mais vos am ses bauzia,
> No fetz Tristans s'amia,
> Et autre pro noi ai.

Dichter des 13. Jahrhunderts feiern ebenfalls Tristan als treuen Liebenden.

Peire Cardenal (Tostemps volgram):

> Etz Tristaus [1]) fon de totz los amadors
> Le plus leals e fes mai d'ardimens.

---

[1]) hs. (T): escristatitz; das Gedicht existirt auch in D, aber ungedruckt.

Uc de la Bacalaria (Per grazir):
>Tristans ui Amelis
>No foron d'amor tan fis.

Ich führe nun die Stellen an, die sich auf den verhängnisvollen Trank beziehen.

Augier Novella, hat schon um 1154 gedichtet[1]) (Per vos, bella douss'amia):
>Ara sai eu qu'ieu ai begut del broc
>Don bec Tristans, qu'anc pois garir nou poc.

In einer Tenzone zwischen *Peirol* und dem *Dalfin* (12. Jahrh.(heisst es (Dalfin, sabriatz me vos):
>Ab lo joi un gran esmai
>E membre vos de Tristan,
>C'ab Jseut moric aman.
>Dalfin, vers es que ill poizos
>Que lor det beure Bragen
>L'amet per deschausimen
>El fetz angoissos.

Aus dem 13. Jahrh. *Daude de Pradas* (oder Bernart d. Pr. ?) Si tot mais pretz:
>Beurem fai ab l'enaps Tristan
>Amors et cisses lo pimens.

Aimeric von Pegulhan (Ades vol de l'aondansa):
>Et ieu dobli la balansa
>Que doble tenc lieis plus car
>Totz jorns qu'aissi sai doblar
>Doblamen ma malanansa;[2])
>Mas assatz doblet plus gen
>Tristans, quan bec lo pimen;
>Car el guazanhet s'amia
>Per so per qu'ieu pert la mia.

Bertolomen Zorgi (Atressi cum lo gamel):
>L'amorozeta bevanda
>Non feiric ab son cairel
>Tristan n' Izoi plus formen,
>Quan il veniron d'Irlanda.

Von Tristans Leiden spricht zuerst Bernart von Ventadorn und

---

[1]) In Tostemps serai nennt er Friedrich I. noch König, der 1155 zum Kaiser gekrönt ward. (Mahn G. no. 577).

[2]) EJ. CR: benanansa.

wenn in diesem Liede (Tant ai mon cor) nicht die älteste Anspielung auf den Tristanroman enthalten ist, so ist das Lied von den ältesten, die sich auf Tristan beziehen, das, welches am sichersten zu datiren ist. Es ward im Winter 1154/55 gedichtet.[1])

> Plus trac pena d'amor
> De Tristan l'amador
> Que sofri manta dolor
> Per Iseut la blonda.

Aimeric von Pegulhan (Ara par be que valors c. 1230, s. o.)

> Nis mes Tristans d'amor en tan d'assai.

Isoldens schönes Haar rühmt *Bertran de Born* (Domna, puois de mi nous cal) in der originellen Canzone, in der er sich eine Idealschönheit aus von allen Seiten zusammengeborgten Reizen zusammensetzt (wol vor 1182)[2]):

> Ves Rocachoart m'eslais
> Als pels n'Agnes quem daran,
> Qu'Iseus la domna Tristan
> Qu'en fo per totz mentauguda,
> Nols ac tan bels a saubuda.

Arnaut de Marueil (Domna genser, zw. 1180 u. 1190. s. o.)

> Ni Antigona ni Esmena
> Nil bel' Iseulz ab lo pel bloi
> Non agro la meitat de joi
> Ni d'alegrier ab lurs amis
> Com icu ab vos, so m'es avis.

Peire Cardenal (Cel que fes tot):

> E Tristans qu'anc non vis[3])
> E amet Iseut la blonda.

Pistoleta (Ar agues eu mil marcs)

> E sembles Tristan de amia.

---

[1]) Es war dies die Meinung von Diez, und Bischoff in der schon citirten Arbeit begründet die Datirung näher (S. 31). Das Lied ist gesungen, als Eleonore von Poitou Frankreich eben verlassen hatte (Weihnacht 1154).

[2]) Die Canzone fällt wol noch vor den Aufenthalt Mathildens, der Gem. Heinrichs des Löwen, in Frankreich (seit 1182; siehe Diez a. a. O. S. 212 f).

[3]) Mahn. hs. carc noiris.

Bertran de Paris (Guordo):

>Ni no sabetz las novas de Tristan
>Ni del rei Marc -

In folgenden, nichtlyrischen Gedichten wird Tristan genannt:

Arnaut Guillem de Marsan (Qui comte):

>Aprendetz d' En Tristan
>Que vale ben atrestan;
>Per la fei que dei vos,
>No fo tan amoros
>Ni fes miclhs a sa guiza
>D'amors a sa deviza.

Flamenca:

>L'us contava de Governail
>Com per Tristan ac grieu trebail.

Peire de Corbiac (Tresor):

>De Tristan e d'Isolt los enamoramentz
>E del clerc lausenger per cual lausengamentz
>De leis e del rei Marc partil maridamentz.

Eine von Fauriel (a. a. O. III, 483) citirte Stelle aus einem Liede Raimbauts de Vaqueiras lautet:

>Si cum Tristan ques fes guaita
>Tro qu' Iseus fo vas si traita.

Bei einem anonymen Dichter steht (nach Fauriel III, 484) folg. Anspielung:

>Erecs non amet Henida
>Tan ni Yzeutz Tristan
>Con icu vos, dona grazida.

Die im vorhergehenden angeführten Stellen sind so zahlreich und beziehen sich auf so viele Vorfälle des Tristanromans, dass wir, wenn wir von demselben weiter nichts wüssten, aus jenen Andeutungen uns den Gang der Erzählung in den Hauptzügen wider herstellen könnten. Die Reise Isoldens von Irland nach England, der durch Brangaenens Unvorsichtigkeit verhängnisvoll gewordene Liebestrank, der dem König Marke gespielte Betrug, die Listen Tristans, die Trennung von Markes und Isoldens Ehe durch die Einflüsterungen des Zwerges, der endliche Tod der Liebenden: auf alle diese einzelnen Vorfälle und Episoden des Romanes beziehen sich die Provenzalen.

Aus den Anspielungen Bernarts von Ventadorn, Raimbauts
von Aurenga, Augiers Novella und Guirauts von Cabrera drängt
sich uns der Schluss auf, dass um 1150 schon die Tristansage
den Troubadours bekannt gewesen sein muss.
Es entsteht nun die Frage, wie sind dieselben zu dieser
Kenntnis gelangt? Allgemein wird angenommen, dass die
Stoffe des bretonischen Sagenkreises frühzeitig auch in französischen Lais, kürzeren lyrisch epischen Gedichten, behandelt
wurden. Es wird diese Tatsache nicht bezweifelt, obgleich
von diesen alten Lais nichts mehr erhalten ist. In dem Roman
der Flamenca, also noch im 13. Jahrh., werden Gedichte dieses
Namens genannt, der berühmte Lais vom Geissblatt, der auch
eine Episode aus der Tristansage behandelt, wird dort erwähnt.
Dass nun derartige Lais früh vom Norden Frankreichs nach
dem Süden wanderten, ist höchst wahrscheinlich. Uebrigens
kann Bernart von Ventadorn dieselben auch in ihrer eigenen
Heimat gehört haben. Also wegen des Alters der Anspielungen auf Tristan sind wir noch nicht genötigt, das ehemalige
Vorhandensein eines provenzalischen Tristanromans anzunehmen.
Wenn wir aber alle Andeutungen auf die Tristansage, die sich
seit Mitte des 12. Jahrhunderts bis weit hinein in das 13.
Jahrhundert in der provenzalischen Literatur antreffen lassen,
nebeneinanderstellen, wie es oben geschehen ist, so gewinnen
wir den Eindruck, als ob jene Andeutungen sich nicht allein
auf den Inhalt vereinzelter Lais bezögen, sondern die verhältnismässig frühe Existenz eines den Gegenstand im Zusammenhang behandelnden Romans voraussetzen liessen. Wir wissen
von drei altfranzösischen umfangreicheren Bearbeitungen der
Tristansage. Von zweien derselben existiren noch Fragmente,
welche uns erlauben über den Charakter der Dichtung ein
Urteil zu fällen; die dritte Bearbeitung von Chrestien von Troies
ist, wie es scheint, untergegangen. Leider sind wir, wenn es
sich darum handelt, feste Anhaltspunkte für die Altersbestimmung eines altfranzösischen epischen Gedichts der Kunstpoesie
des 12. und 13. Jahrhunderts zu gewinnen, noch immer mehr
darauf angewiesen, nach etwa vorhandenen historischen Beziehungen zu suchen, als uns auf die Resultate philologischer
Untersuchung des Reims und Sprachgebrauchs zu stützen.
Schon in frühen Perioden der Literatur hat es die Sprache den

Dichtern leicht gemacht, das Gesetz der Reinheit des Reimes gewissenhaft zu beobachten, dennoch darf man immerhin was in einzelnen Fällen an Unregelmässigkeit sich findet, als ein Kriterium der Altertümlichkeit betrachten, soweit es nicht auf Rechnung von Eigentümlichkeiten des Dialektes gesetzt werden wird. Betrachten wir aber unter diesem Gesichtspunkt den Tristanroman, von dem uns ein Bruchstück unter dem Namen des Berox erhalten ist, so können wir demselben verhältnismässige Altertümlichkeit nicht absprechen und werden uns zu der Annahme entschliessen, dass von den Stoffen des bretonischen Sagenkreises zuerst die Abenteuer Tristans eine zusammenhangende Behandlung in altfranzösischer Sprache gefunden haben.[1]) Hiermit stimmt dann das frühe Auftreten von Anspielungen auf die Tristansage bei den Troubadours. Es wird uns fast zur Gewissheit, dass das Gedicht des Berox noch vor 1150 verfasst worden ist. Dass sich aus diesem Gedicht, wäre es vollständig erhalten, alle in Gedichten der Troubadours über Tristan und Isolt enthaltenen Andeutungen würden erklären lassen, ist sicher. Damit wird selbstverständlich nicht gesagt, dass nicht die spätern Dichter eine jüngere Dichtung, etwa den, gewiss berühmteren, Tristanroman Chrestiens im Sinne gehabt hätten.

Wo uns aber das Fragment des Berox im Stiche lässt, tritt der deutsche Tristrant Eilharts an seine Stelle.[2])

Raimbaut d' Aurenga spielt auf eine Allegorie an, die sich gewiss bei Berox fand und auch in die Bearbeitung Eilharts

---

[1]) Einige Belege (Ausg. v. Fr. Michel. Bd. I): p. 13: Cort: n'avot; p. 18 plesir: fuirs; sente: enfle; p. 22. Tristrain: avien p. 29 sure: pleure; p. 31 chambre: ensemble. Eine Untersuchung über den Sprachgebrauch des Denkmals würde eine reiche Auslese altertümlicher Ausdrücke und Wendungen, die an die Sprache des Volksepos erinnern, bieten können.

[2]) Der alterthümliche und einfache Character des Eilhartschen Gedichts macht es von vornherein wahrscheinlich, dass Eilharts Quelle das Werk des Berox war. Für die Partien, die sich unmittelbar vergleichen machen, scheint auch Heinzel (Haupts Zts. B. XIV. Gottfr. v. Strassburg Tristan u. seine Quelle S. 353 ff.) dieser Ansicht zu sein. (Eine unbedeutende Abweichung wird angeführt S. 354).

übergegangen ist.¹) Es erscheint unnötig, auf die anderen
Andeutungen weiter einzugehen.

Unter dem Einfluss der Tristansage ist die Ausbildung der
Fabel von Lancelot erfolgt. Aber Lancelot, der Verehrer der
Königin Ginevra, wie ihn uns die französische Dichtung dar-
stellt, ist bei den Troubadours nie eine populäre Persönlichkeit
geworden.

Ich habe nur zwei sichere Anspielungen auf Lancelot,
wenn man die in der Flamenca vorkommende abrechnet, bei
Troubadours gefunden. In einem Gedichte, das ohne Namen
überliefert ist (Hai docha donna valentz), steht:

> Sovens mi fai morir e viure,
> Si com fist la reina Geniure
> Un²) dels chavaliers de sa cort;
> Cent vesz lo iorn era viu e mort.

Unter diesem Ritter der Königin Ginevra kann wol nur Lancelot verstanden sein.

Ausser dieser gehört hierher noch eine Stelle im Ensenhamen *Guirauts von Calanson*:

> Apren, Fadet, de Lanselot
> Co saup gen landa conquerir.

Wir haben schon gesehen, dass die provenzalische Minnepoesie
ihre Helden hatte, die oft als Vorbilder und Muster treuer
Liebe und Leidenschaft angeführt wurden. Floris und Blancaflor, Tristan und Isolde waren zwei solche Musterpaare von
Liebeshelden. Dem gegenüber bleibt es auffallend, wenn ein
solches Verhältnis, wie das von der Dichtung zwischen Lancelot
und Ginevra geschaffene, welches doch durchaus den Anschau-
ungen der ritterlichen Sänger entsprach, kaum einmal erwähnt
wurde. Das Auffallende dieses Umstandes erklärt sich aber

---

¹) Brangile erzählt den Rittern, die gedungen sind, sie zu tödten,
wie sie Isolden, deren Hemd bei der Ankunft in Markes Land nicht
mehr die erforderliche Reinheit gehabt, das ihre geliehen (Dresdn. Hs.
N. 42. S. v. 2400 ff.):

> do was das myne noch unbetragin
> daz was gancz und nuwe
> sie bat das ich es ir lege dor truwe
> da thed ich das vil ungerne.

Die Allegorie deutet auf den bekannten Personentausch in Markes Hoch-
zeitsnacht.

²) hs. uns.

am besten aus der Annahme, dass die Troubadours von einem Liebesroman Lancelots und Ginevrens noch nichts gewusst haben. Dadurch wird nun schon die Hypothese untergraben, dass es einen provenzalischen Roman sollte gegeben haben, der dieses Thema behandelte. Bekanntlich ist Arnaut Daniel die Verfasserschaft desselben zugeschrieben worden. Der Hauptbeweis hierfür bildete eine Stelle der Göttlichen Comödie (Purg. 26, 118), nach deren Wortlaut Arnaut Daniel versi d'amore e prose di romanzi verfasst haben solle. Hieraus hat Petrarca den Schluss gezogen, dass Arnaut Verfasser des Lancelotromans gewesen.[1]) Val. Schmidt wollte sich den grossen französischen Prosaroman als, wenigstens mittelbar, von Arnaut herrührend denken. Er glaubte, dass von Dante im Paradiso (16, 13) auf einen Umstand angespielt wäre aus der Liebesgeschichte Lancelots und Ginevrens, der im französischen Prosaroman nicht erwähnt wäre und deshalb nur im provenzalischen Original Arnaut erzählt worden sei. Conr. Hofmann hat nachgewiesen (Sitz. ber. der k. bayr. Ak. 1870, 2. S. 48 ff.), dass die Annahme Schmidts auf Irrtum beruht. Dante hat hier, wie auch in jener berühmten Stelle des 5. Gesangs der Hölle (Galeotto fu il libro e chi lo scrisse) den französischen Prosaroman im Auge gehabt. Also einmal darf man nicht glauben, dass aus der göttlichen Komödie sich Beweise ergeben für das einstige Vorhandensein eines andern Lancelotromans als des erhaltenen; andererseits aber ist die Verbindung Arnaut Daniels mit dem Namen Lancelot auf Grund der versi d'amore und prose di romanzi eine Hypothese reiner Willkür.

Wenn aber nun gar Fauriel in dem Lanzelet Ulrichs von Zazikhoven eine Bearbeitung des angeblichen provenzalischen Lancelot Arnaut Daniels hat sehen wollen, so täuschte ihn seine blinde Vorliebe für die provenzalische Literatur. Aber er hätte doch nicht behaupten sollen, dass Hug von Morville, dem Ulrich seine Quelle verdankt „avait une copie du roman de Daniel" und ferner dass „sans être célèbre entre les minnesingers, Ulrich de Zazichoven est pourtant connu, et désigné

---

[1]) s. Diez. Poesie d. Tr. S. 211 f. Petrarca (Trionf. d'am. IV, 40):
  Fra tutti il primo Arnaldo Daniello
  Gran maestro d'amor etc.

plus d'une fois, parmi eux, comme l'auteur de la version du Lancelot d'Arnaud". ¹) Das zu behaupten, ist keinem „minnesinger" jemals eingefallen. Bächtold hat, wie mir scheint, in seiner Diss. über den Lanzelet vollkommen Recht, wenn er voraussetzt, dass die Quelle Ulrichs ein französisches Gedicht gewesen sei, aber damit reimt sich schlecht, dass er das Verfahren Gastons Paris hyperkritisch nennt, der (Bibl. de l'école des chartes. VI, 1. S. 250—255) weiter nichts getan hat, als die in dem oben citirten Artikel Fauriels enthaltenen leichtfertigen und unwahrscheinlichen Behauptungen hervorzuheben und vor denselben zu warnen.

Sieht man also von den Zeugnissen ab, die auf den unsichern Combinationen späterer Schriftsteller, deren Werke gar nicht der provenzalischen Literatur selbst angehören, sich zu stützen suchen, und hält man sich hingegen an das, was sich von den Provenzalen selbst bezeugt findet, so weiss erstens die provenzalische Biographie nichts von einem Lancelot des Arnaut Daniel. Zweitens aber ist die Persönlichkeit des Lancelot den Troubadours so unbekannt geblieben, dass wir daraus mit voller Berechtigung, beim Mangel aller anderweitigen Beweise für die Existenz des Romans, den Schluss ziehen, es habe nie einen provenzalischen Lancelot, auch nicht von unbekanntem Verfasser, gegeben.

Wir wenden uns zu einem dritten Helden der Tafelrunde, zu Perceval.

Ich gebe die Stellen, wo er genannt wird, in chronologischer Reihenfolge.

Raimbaut de Vaqueiras (Aram requer sa costum e son us) c. 1194 (s. o.):

    Anc Persavals, quant a la cort d'Artus
    Tolc las armas del cavalier vermelh,
    Non ac tal gaug com ieu del sieu cosselh.

Richart de Berbezill, um 1200 (Atressi com Persavaus):

    Atressi com Persavaus
    El temps que vivia,
    Ques esbaïc d'esguardar
    Si que no saup demandar,

---

¹) Hist. litt. XXII. Art. Lancelot du Lac.

> De que servia
> La lansa ni'l grazaus;
> Et ieu soi atretaus
> Miels de domna, quan vei vostre cors gen.

Isnart d' Entrevenas. Zeitgenosse von Blacatz (Del sonet d'en Blacatz):
> Ni Tiflas ni Roai
> Ni Raols de Cambrai
> No i foron, nil deman
> De Perceval l'enfan.

Bertolomeu Zorgi (En tal dezir mos cors):
> Quel si gaudet, pois amors i mes l'ongla,
> Com Percevaus tro qu'anet a son oncle.

Endlich Flamenca:
> L'autre comtet de Persaval
> Co venc a la cort a caval.

Diese Auspielungen lassen sich alle erklären, wie an anderem Orte schon gezeigt ist, aus der Erzählung vom Gral Chrestiens von Troies. Wir brauchen hier auch nicht näher einzugehen auf die Betrachtung der Frage nach den provenzalischen Elementen der Gralsage, denn da uns die provenzalische Literatur selbst keinen Anhalt bietet, werden wir uns nicht durch die Phantasien späterer Autoren beunruhigen zu lassen. Ich mache nur noch darauf aufmerksam, dass Guiraut von Cabrera und Guiraut von Calanso von Perceval und dem Gral nichts wissen, trotzdem sie uns doch lange Verzeichnisse von epischen Helden und Gedichten gegeben haben. Dieser Tatsache gegenüber erscheint es als selbstverständlich, dass von einem provenzalischen Perceval nicht zu reden ist; aber ich sehe in derselben auch einen weitern Beweis dafür, dass Guirauts v. Calanson Eusenhamen noch in den 90er Jahren des 12. Jahrhunderts verfasst worden ist, zu einer Zeit als der Troubadour noch nichts wusste von Chrestiens Conte du graal; denn dass er sonst Perceval übergangen hätte, will mir nicht wahrscheinlich dünken. Raimbaut de Vaqueiras allerdings muss die Erzählung vom Gral bald nach ihrem Erscheinen (wir setzen dies ungef. ins J. 1190) kennen gelernt haben; kein Wunder bei diesem Troubadour, der sich von allen als den belesensten zeigt.

Mehr zum engern Kreis des Artus, als die vorhingenannten, gehört Gauvain, provenzal. Galvan.

Zuerst nennt ihn *Guiraut von Cabrera*.

>Ni de Gualvaing
>Qui ses compaing
>Fazia tanta venaizon.

Nicht viel jünger mag die folgende Anspielung Guirauts von Borneil sein (Gen m'estava):

>Qu' aiso ¹) m'espert, quant vei vostras beltatz
>Com lo cugnatz de Galvan per salvatge,
>E can per guerra ac totz sos filhs menatz
>E sa filha queria per oltratge
>Et l'endeman redial ill (?) ab se,
>Entroc qu' Ivan los defendet — —

Ich weiss nicht, auf welches Abenteuer Galvans Guiraut von Borneil sich hier bezieht.

Galvan wird besonders als der Held vieler Abenteuer gefeiert.

Peire Vidal ungef. 1205 (s. Bartsch, P. V. S. LIX) sagt (Neus ni gels ni ploja) von sich:

>Las aventuras de Galvanh
>Ai eu e mai d'autras assatz.

Raimbaut de Vaqueiras, c. 1196 ²) (Ja non cugei vezer):

>E sim des lo cors gens
>So qu'ab son cosselh quier,
>Vencut agra sobrier
>D'aventuras Galvanh.

Bertran de Born der jüngere, nach 1202³), (Quan vei lo temps)

>Mal sembla d'ardimen Galvan.

Pistoleta (der Spielmann Arnauts v. Maruelh) wünscht sich G's ritterliche Tugend (Ar agues eu):

>E sembles Tristran de amia
>E Galvanh de cavallaria —

Folgende Dichter, die im 13. Jahrh. blühten, tun Galvans Erwähnung:

---

¹) Hs. (nur in P): Cai.
²) Genauer zw. 1192 u. 1202; ehe Raimbaut mit Bonifaz II. auf den Kreuzzug sich begab.
³) es wird in dem Gedicht erwähnt die Ermordung Arthurs von Bretagne durch seinen Oheim Johann ohne Land (1202). Diez. a. a. O. S. 528.

Uc de S. Cir (Anc enemics qu'eu agues):
> Qu' aissim pren cum pres Galvanh
> Del bel desastruc estranh
> A cui l'avenc far coven
> Que fezes son mandamen,
> E el noil dec far ni dir
> Ren que ilh degues abellir.

Vorstehende Worte nehmen Bezug auf das Verhältnis Gauvains zu Orgellouse de Logres, wie es dargestellt wird von Chrestien im Conte du Graal (v. 7900 ff. u. 9700 ff.).

Aimeric de Pegulhan (Ara par be):
> Ni ges d'armar Galvains plus non valia.

und (Quanqu'eu fezes vers ni chanzo):
> Quant soi armat nel destrier,
> Eu'l ponh d'esperos il fer
> Qu'eus faz sallient e corser,
> E quan es ben amajestrat,
> Quant eu sui de tot armat sus:
> Nom par que Galvain ni Artus
> Feses doas jontas neghus
> Plus tost en un beisoinh qu'eu faz.

Peire Cardenal (Tostemps volgram):
> El plus cortes Galvains totas sazos.

In der *Flamenca* wird auch eine Erzählung von Galvan erwähnt. *Peire de Corbiac* (Thesor):
> De Galvan so nebot (sc. des Artus) los aventuramentz.

Wir sehen, das Bild, das sich die Provenzalen von Gauvain machten, stimmt ganz überein mit den Zügen, die demselben das ritterliche Epos der Nordfranzosen und nach ihnen das der Deutschen gegeben hat. Gauvain ist der ritterliche, in höfischer Sitte wolerfahrene Ratgeber des Artus; so zeigt er sich bei Chrestien besonders im Erec und im Conte du graal. Die beiden, zuerst angeführten, noch nicht von mir aufgeklärten Stellen, welche sich auf Gauvain beziehen, dürften uns wol nicht zwingen, einen provenzalischen Roman, der die Abenteuer dieses Ritters behandelte, anzunehmen.

Nicht so oft wie Galvan wird Ivan genannt.

Guiraut von Cabrera scheint ihn noch nicht zu kennen.[1]

---

[1] oder darf man bei
> Ni del vilan
> Ni de Tristan

die Conjectur wagen: ni d'en Yvan?

In einem eben angeführten Verse Guirauts von Borneil wird er erwähnt.

Arnaut Guillem de Marsan erzählt (Qui Comte):
>D'Ivan lo filh del rei
>Sapchatz dire perquei
>Fon el plus avinens
>De negus hom vivens,
>Qu'el premier sembeli
>C'om portet sobre si
>El ac en son mantel
>En espero finela,
>E bloca en escut;
>El ac, so sabem tut,
>Gans c'om viest en mas,
>El ac los primeiras;
>Las donas aquel temps
>Que l'ameron essems
>El tengro per amic.

Was in vorstehenden Versen berichtet wird, verdankt wol der eigenen Phantasie des Verfassers seine Entstehung.

Die Flamenca nennt Ivan zweimal, einmal nur den Namen, das andere Mal ist die Rede
>Del cavalier qu'estors Luneta.

Hiermit ist deutlich der chevalier au lyon bezeichnet.

Ein anderes Werk Chrestiens, wol sein erstes (nach den Anfangsworten des Cliget zu urteilen) Erec und Enide, muss früh nach Südfrankreich gedrungen sein.

Guiraut von Cabrera erwähnt es mit den Worten:
>Ni sabs d'Erec
>Con conquistec
>L'esparvier for de sa rejon.

Bekanntlich erzählt Chrestien, wie Erec den Hof des Artus verliess und den Sperber, den Preis des Tapfersten, erwarb (Er. u. En. v. 633 ff.) Wir können demnach annehmen, dass der Erec vor 1170 gedichtet ist. Freilich gilt auch hier, was schon bei Besprechung des Tristan bemerkt ward, dass nämlich die Abenteuer Erecs auch durch einzelne Lais nach dem Süden gelangt sein können.[1]

---

[1] Bekannt sind die Worte im Eingang des Erec:
>D'Erec le fil Lac est li contes,
>Que devant rois et devant contes
>Depecier et corrompre suelent
>Cil qui de conter vivre vuelent.

Raimbaut de Vaqueiras in einem Gedichte an den bel cavalier (Calenda maja), also in den 90er Jahren des 12. Jahrhunderts gedichtet:

> Qu'ar per gensor
> Vos ai chauzida
> E per melhor
> De pretz cumplida,
> Blandida,
> Servida,
> Genser qu' Erecs Enida.¹)

Peire Cardenal (Tostemps volgram):

> Etz Erecs fon le meiller ses falensa²)
> De cavalliers en faz e en parvensa

Auch in der *Flamenca* heisst es:

> L'us contet d'Erec e d'Enida

Verschiedene andere Helden der Tafelrunde werden weiter in den folgenden Versen der *Flamenca* aufgezählt:

> L'autre comtava de Fenisa,
> Con transir la fes sa noirissa;
> L'us dis del bel Desconogut
> E l'autre del vermeil escut
> Que Lyras trobet al visset;
> L'autres contava de Guifflet;
> L'us contet de Calobrenan;
> L'autre dis com retene un an
> Dins sa preison Quet senescal
> Lo deliet, car li dis mal.
> L'autre contava de Mordret,
> L'us retrais lo comte Duret,
> Com fo per los Ventres faiditz
> E per rei pescador grazitz —

Fenisa ist bekannt aus dem Cliget Chrestiens, mit Hilfe ihrer Amme verschafft sie sich einen Trank, der sie scheintodt macht. Eine andere Anspielung auf den Roman von Cliget enthält der Jaufre:

> Aital amor me sobreporta
> Cum fes Fenisa, que per morta
> Se fet sebelir per clergues,
> Que puis visquet lonc tems apres.

---

¹) C: que recs e vida
   M: us ai plus que res que vida.
²) hs. crois (nur T).

Der bel Desconogut ist der Beau Desconnu oder Giglain, Sohn Gauvains, dem ein besonderer Roman gewidmet ist. Guifflet einer der Ritter der Tafelrunde, der z. B. genannt wird im Erec v. 2220 und der Held einer Episode ist, die der Fortsetzung des Conte du graal durch Gautier de Doulens (Ausg. v. Potvin v. 15900 ff. u. 18400 ff.) angehört. Calobrenan ist der Calogrenant des Ritters mit dem Löwen. Mordret ist besonders bekannt aus dem prosaischen Mort Artur, aber er erscheint auch häufiger bei den Fortsetzern von Chrestiens Erzählung vom Gral. Die Gefangenschaft Quets ist erzählt im Chevalier de la Charette (v. 80—265, v. 2941—3936). Die beiden Namen Lyras und Duret sind mir unbekannt.

Artus als ritterlicher Idealkönig wird oft von den Troubadours genannt. Sehr häufig gebrauchen sie auch einen bildlichen Ausdruck, der sich an den Namen des Artus knüpft, wenn sie von ihrem vergebenen Hoffen und Harren sprechen, eine Wendung, die sehr gewöhnlich sein musste in einer Poesie, welcher das ritterliche Dienstverhältnis zwischen Mann und Weib den Stoff hergab. Ich meine den Ausdruck „bretonische Hoffnung", der fast zu einem sprichwörtlichen geworden und sich auf das Harren der Bretonen auf ihren Befreier Artus bezieht. So sagt einmal Peire Vidal (Ajostar e lassar): Esperar e muzar me fai coma Breto. In einem anderen Gedichte desselben Troubadours heisst es (Ges pel temps, 1287/88 verfasst, s. Bartsch, P. Vidal XXX):

> Nom deuria tarzar
> So quem fai esperar,
> Que pos Artus an cobrat en Bretanha,
> Non es razos que mais jois mi sofranha.

Aehnlich sagt er ein anderes Mal (Pos tornatz soi):

> E cel que long atendensa
> Blasma fai gran falhizo;
> Qu'er an Artus li Breto
> On avian lor plevensa [1] —

Mit einer Emendation könnte Artus vielleicht in das Ensen-

---

[1] Der 1187 geborene Sohn Gottfrieds, Herzogs von Bretagne, Enkel von Heinrich II. ward mit Beziehung auf die Sage von der erhofften Widerkehr Königs Artus von den Bretonen Artus genannt. vgl. Diez, W. d. Tr. S. 165 Anm.

hamen Guirauts von Cabrera gebracht werden, wenn gelesen würde
<blockquote>Conte d'Artus</blockquote>
statt conte d'Arjus.

Andere Stellen, wo Artus genannt wird, folgen hier:

Gaucelm Faiditz (Fortz chauza es) 1199:
> Ni anc Carles ni Artus tan valgues.

Guiraut de Calanson (Bel seigner Deus) im J. 1211 (Planh auf den Infanten Ferdinand):
> Qu'en lui era tot lo pretz restauratz
> Del rei Artus, qu'om sol dir e retraire.

Aimeric de Pegulhan (Quanqu'eu fezes)
> Nom par que Galvain ni Artus
> Feses doas jontas neghus
> Plus tost en un beisonh qu'eu faz

(Totas honors e tug fag benestan):
> Si ja pogues
> Home trobar que il saubes novas dir
> Del rei Artus, e quan deu revenir.

Peire Cardenal (Al nom del seignor):
> Mas quant lo rics er d'aisso castiatz
> Venra n' Artus, sel qu'emportet lo catz

Rainaud u. *Jaufre de Pons* (Tenzone: Segnen Jaufre, respondetz):
> En amas mais l'atendre qu'el jauzir,
> Per so s'en fan li Breton escarnir.
> Segnen Jaufre, Artus non atend'eu.

Anonym (Anc al temps):
> Anc al temps d'Artus ni d'ara[1]
> Ieu no crei que nuls homs vis
> Tan bel colp.

Arnaut de Marsan (Qui comte):
> Sapchatz del rei Artus
> Que sai que us valra pus,
> Car el anc no feni
> Ni encar no i falhi
> Ni ja ni falhira,
> Quan segle durara —

---

[1] Raynouard schreibt Ara als einen Eigennamen, ebenso Bartsch in seinem Liederverzeichnis. Dies d'ara = a ora, von al temps abhängig ist wol zulässig. Uebrigens ist das Lied nur in P überliefert. An einen Eigennamen Ara glaube ich nicht. Doch citire ich die Stelle, da das Lied sonst ungedruckt ist, nur nach Raynouard (II).

Bertran de Paris (Guordo):
> Ges non sabes d'Artus com ieu fas
> Ni de sa cort on ac mant soudadier.

Die Gattin des Artus, Geniure, fand ich nur einmal genannt, in der schon oben, unter Lancelot angeführten Stelle. Im ganzen sind, wie man sieht, die Anspielungen auf Artus sehr allgemein gehalten.

Ob Merlin von Guiraut de Cabrera gemeint ist in dem Verse:
> Ni de Valflor ni de Merlon

erscheint mir sehr zweifelhaft.

Pistoleta aber spricht von der Weisheit Merlins (Ar agues eu):
> El bon saber de Merlin volgra mai.

Und *Bertran de Paris* bringt folgende Anspielung (Guordo):
> Jes de Merli l'Engles no sabetz re
> Que sapchatz dir com renhet ni que fe.

Endlich in *Peires von Corbiac* Thesor:
> De Merli lo salvatje con dis escuramens
> De totz los reis engles los prophetizamens.

Viel neues für die Kenntnis des bretonischen Sagenkreises ergibt sich aus obiger Zusammenstellung nicht. Zur Erklärung der von den Troubadours gemachten Andeutungen reichte im ganzen das noch aus der altfranzösischen Literatur auf unsere Tage gekommene Material aus. Am frühesten erhielten die provenzalischen Dichter Kunde von Tristans Abenteuern; wahrscheinlich durch zusammenhangende Gedichte. Und da die Anspielungen auf Erec und Enide, Galvan und Ivan, Perceval und den Gral der zeitlichen Reihenfolge, in der wir uns Chrestiens Gedichte entstanden denken, zu entsprechen scheinen, so nehmen wir an, dass diese Namen zuerst durch Chrestiens Dichtungen im Süden Frankreichs populär geworden sind. Lancelot ward spät bekannt, die Quelle von Ulrichs von Zazikhoven Lanzelet kannte vielleicht Guiraut von Calanson, die Flamenca kennt den Chevalier de la Charette.

III. Anspielungen der Troubadours auf Stoffe der französischen Heldensage und andere Frankreich angehörige erzählende Dichtungen.

Wenn die Troubadours auch zu grossem Teile ritterlicher Herkunft waren oder wenigstens auf den Beifall ritterlicher Kreise rechneten, wenn sich auch in der 2. Hälfte des 12. Jahrhunderts in Nordfrankreich eine erzählende Dichtung ausgebildet hatte, die sich an dieselbe Classe von Hörern und Lesern hauptsächlich wendete und wenn demnach diese Dichtung sich auch in bewussten Gegensatz zu der volkstümlichen Poesie stellte, so zeigen doch zahlreiche Erwähnungen von Helden des Volksepos in Gedichten der Troubadours, dass dieses nicht von den Höfen der Vornehmen verbannt war. Wenn es gestattet ist, einen Schluss zu ziehen aus dem langen Verzeichnis von Namen aus dem Nationalepos, das uns Guiraut von Cabrera gibt, so müssen die Chansons de geste um 1170 noch sehr populär auch in den höfischen Kreisen gewesen sein. Guiraut de Calanson beachtet das Volksepos fast gar nicht mehr, möglicherweise hatten zu seiner Zeit schon in Südfrankreich die Helden des Altertums und des bretonischen Kreises die einheimischen in den Hintergrund geschoben. Vielleicht ist dieser Schluss aber zu kühn, da, wie schon bemerkt ward, Guiraut von Calanson es sichtlich vermeidet, Namen, die sein Vorgänger schon genannt, zu widerholen; wenn auch hierzu wider bemerkt werden kann, dass noch Namen des Volksepos in Fülle ihm zur Verfügung gestanden hätten, wenn anders er nach ihnen gesucht hätte. Und gestützt wird unsere Behauptung von dem allmählichen Ueberwiegen des höfischen Epos durch die Beobachtung, dass Bertran de Paris in seinem Ensenhamen das volkstümliche Heldengedicht ebenfalls nur wenig berücksichtigt, und dass ferner dem langen Romanverzeichnisse der Flamenca nur wenige Namen der Karlssage zum Beschlusse folgen. Wir gehen nun zur Besprechung der einzelnen Stellen über.

Sehr häufig erscheint in Gedichten der Troubadours der Name Rotlan. Der Katastrophe von Ronceval gedenken die Worte *Guirauts von Cabrera*:

De Ronsavals,
Los colps mortals
Que ferol dotze compaignon,
Con foron mort
E pres a tort
Trait pel trachor Gonelon
Al amirat
Per gran pechat
Et al bon rei Marselion.

und:
Ni d'Olivier¹)
Non saps chantier.

Peire Vidal (Drogoman seigner):
D'ardimen val Rotlan et Olivier.

Bertran de Born, 1183 (Klagelied auf den Tod des jungen Heinrichs: Mon chan fenisc ab dol):
Des lo temps Rotlan
Ni de lai denan
Non fo hom tan pros
Ni tan guerreian.

Guiraut von Borneil (S'anc jorn agui joi):
Qu'anc non vi ni ja non veirai
D'un sol home tan bel assai,
Ni non deu dire cavaliers
Que tant en agues Oliviers.

Raimbaut de Vaqueiras, 90er Jahre des 12. Jahrh. s. Diez a. a. O. S. 266 f. (D'amor nom lau):
Mas trahitz sui si cum fo Ferragutz
Qu'a Rotlan dis tot son major espaut,
Per on l'aucis.

(Aram digatz, Raimbaut) Tenzone mit *Albert von Malaspina*:
E s'ieu no val per armas Olivier;
Vos no valetz Rotlan a ma semblansa.

Guillem de Berguedan (Letztes Viertel des 12. Jahrh. s. Milá y Fontanals S. 278 ff.):
Ja del tornei nos cal cabar ni feingner,
Qu'anc non valc tant Rolans a Sarragoza,
E eus autrei que no men cal destreigner.

Pistoleta (Ar agues):
Lo sen volgra de Salomon
E de Rotlan lo bel servir —

---

¹) Vorher ist auch schon einmal Olivier erwähnt, ebenso Rotlan.

Raimbaut de Vaqueiras, nach 1202 (Nom agrad' iverns ni pascors):

>Nil coms n'Aimerics
>Ni Rotlan ab sos ponhedors
>No saubron tan gen conquerer
>Tan ric emperi per poder.

Ebenfalls nach 1202 (Honratz marques):

>Aleyssandres vos laisset son donar
>Et ardimen Rotlan elh dotze par
>El pros Berart domnei e gent parlar:

Gavaudan (A la plus longa noit):

>Qualque us parletz, ieus dic eus man
>Que mielhs fora tug fossetz nug,
>Cavaliers membreus de Rotlan,
>Qu'ab auls monedas etz vendug.

Bernart (Zeitgen. Gaucelms Faidits) u. *Guigo* (Ara parra, si sabetz triar):

>La lansa vuelh per so que cascun dia
>Ver vos celhui que val d'armas Rotlan;
>E tug aisselh que vos veiran diran —

Guillem de Berguedan im Planh auf den Markgrafen von Mataplana († 1229? s. Milá y Fontanals a. a. O. S. 280 Anm. u. S. 317 Anm.: Cossiros cant e planh e plor):

>En paradis el loc meillor
>Lai ol bon rei de Fransa es,
>Prop de Rotlan sai que l'arm' es
>De vos, marques de Mataplana,
>E mon joglar de Ripoles
>E mon Sabata eissamen
>Estan ab las domnas gensors
>Sobre pali cobert de flors
>Josta n'Olivier de Lausana.

Peire Cardenal (Tendas e traps):

>D'assai veno n'Aymanieus en Gastos, [1]
>Ad esperos saut Gastos a milhiers
>El coms de Fois, cascus tan coratjos
>Que niens fon Rotlans ni Oliviers
>Contra lor —

Guiraut de Salignac (Aissi com cel qu' a la lebre cassada):

>Fin'e leial e senes cor truan,
>Perqu'ieu l'am mais non fes Auda Rotlan.

---

[1] hs. (nur R) E dai sai, Gasto, 2: asperos, sautz, 4: Olivier.

Garin d' Apchier (L'autrier trobei):
>Jeu nom apel ges Olivier
>Ni Rotlan que qu'el sen dises,
>Mas valer los cre maintas ues
>Quant cossir de leis qu' enquier.

Bertolomeu Zorgi (Atressi cum lo gamel):
>Plus n'ai pres joi e salut
>Qu'anc noi pres d'Alda Rotlan.

Peire de Corbiac (Thesor):
>De Karles et Rotlan los grans conqueromens
>Que foron en Espanha ab la pajanas gens.

In der *Flamenca* wird nur Rolauds Genossen, Oliviers gedacht.

>L'autre (sc. contet) d'Olivier de Verdu.

Peire Cardenal nennt zweimal noch Guanelun, den Verräter Rolands.

(Atressi cum per farguar):
>Si fan joglar
>Del saber de Guainelo,
>Per so es dig qu'om si gar.

und (Un sirventes ai en cor que comiens):
>Esteves cug que fon d'eissa naissensa,
>Qu'az Aenac fetz tals tres traïcios,
>Que no feira Judas ni Guainelos;
>Quar aquil dui traziron en vendens:
>L'us vendet Crist e l'autrels ponhedors
>Et ac i fort descauzitz vendedors;
>Mai Esteves trazic en aucizens.

Wie berühmt Roland und Olivier auch im Süden Frankreichs waren, beweisen diese zahlreichen Anspielungen zur Genüge; doch mache ich noch auf zwei Punkte aufmerksam. Zuerst nämlich ist die (S. 57) aus einem Liede Raimbauts de Vaqueiras gegebene Stelle nicht uninteressant, da sie einen Beweis dafür bildet, dass es wirklich eine Chanson de geste gegeben, in der der Kampf des Riesen Ferragus mit Roland erzählt ward. Von diesem Kampfe berichtet Pseudo-Turpin (Kap. 18) und nach ihm Philippe Mousket u. David Aubert (s. Gast. Paris: Hist. Poétique de Charlemagne S. 266). Dass der Verfasser dieses Teiles der Chronik des Pseudo-Turpin hier volkstümlicher Ueberlieferung folgte, und der Kampf des Ferragus und Roland nicht etwa als eine eigene Nachahmung ähnlicher

Kämpfe von Helden der Karlssage mit heidnischen Riesen, wie sie andere Chansons erzählen (Ogier u. Brehier, Olivier u. Fierabras), anzusehen sei, nimmt Gast. Paris an und führt als Beweis dafür eine Stelle an aus dem fabliau des Deux Trovcors ribauz und eine andere aus dem Otinel (a. a. O. S. 266). Die Worte Raimbauts bilden also ein weiteres authentisches Zeugnis. Ferragus ist nach dem Pseudo-Turpin nur im Nabel verwundbar, er verrät dem Roland diese Schwäche (a Rotlan dis tot son major espaut) und wird von demselben getödtet. An diese Episode dachte Raimbaut in dem oben citirten Liede.

Der andere Punkt, auf den ich aufmerksam machen wollte, betrifft die über Ganelons Verräterei verbreitete Auffassung. Bekanntlich wird dieselbe im Pseudo-Turpin in schwärzerem Lichte dargestellt als in der Chanson de Roland. G. Paris spricht sich hierüber folgendermassen aus (a. a. O. S. 272 Anm. 2): „D'après Turpin, Ganelon n'avait aucun motif de haine contre Roland, il se laisse simplement corrompre par l'or de Marsile. W. Grimm voit là un trait plus ancien; nous sommes d'un avis contraire; le rapprochement de Ganelon et de Judas nous semble bien plutôt ecclésiastique que populaire". Die Meinung Grimms scheint durch die Troubadours eine neue Stütze zu erhalten. Gavaudan (s. S. 58) sagt, dass Roland *ab auls monedas fon vendug* und Peire Cardenal stellt ausdrücklich Ganelun neben Judas und fügt hinzu (s. S. 59): *aquil dui traziron en vendens*. Ich kann mir nicht anders denken, als dass die beiden Troubadours ihre Auffassung vom Verrat Ganeluns aus einer Chanson und nicht aus der in gelehrter Sprache verfassten Chronik schöpften. Wir müssen demnach glauben, dass eine Version, die Ganelun mit Judas in Parallele stellte, auch volkstümlich war und nicht erst kirchlicher Auffassung ihren Ursprung verdankte.

Sehr oft wird auch Karl in den Gedichten der Provenzalen genannt.

Guiraut von Cabrera zuerst:

> Que non sabs ges
> De la gran gesta de Carlon,
> Con en transportz
> Per son esfortz
> Intret en Espaign' a baudon.

Ferner:
> Monmeillan
> Vas oblidan
> On Carles fon mes en preison.

Mehr allgemein *Raimbaut de Vaqueiras* (Nom agrad' iverns):
> Anc Alixandres no fetz cors
> Ni Carles nil reis Lodoics
> Tan honrat — —

Gaucelm Faidit (Fortz chauza es):
> Ni anc Carles ni Artus tan valgues.

Guirart de Borneil (Si per mon Sobretotz non fos):
> Qu'ieu non cug qu'anc fos natz
> De Karlemagn' en sai
> Reis per tant bel essai
> Mantengutz e prezatz.

Bertran de Born (Non estarai):
> A donc sai ieu qu'el volgra far parer
> Carle que fon lo sieu meilhor parens,
> Per cui fon Polha e Samsuenha conquesta.

Peire de la Mula (Ia de razon):
> E per donar conquis Carles Bavieira.

Bertran de Paris (Guordo):
> Ni no sabetz del senhor de Paris
> A cal esfors pres Espanh' e conquis.

Flamenca:
> L'us retreis con tenc Alamaine
> Karlemaines tro la parti.

Die Chronik des Albigenserkrieges:
> Ara aujatz batalhas mesclar d'aital semblant,
> C'anc non auzitz tan fera des lo temps de Rotlant
> Ni del tems Karlemaine que venquet Agolant,
> Que conques Galiana la filha rei Bramant.

Die zuerst citirten Verse Guirauts von Cabrera gehen jenen voraus, in denen von Ronceval (s. S. 57) die Rede ist. Milá y Fontanals (a. a. O. S. 269 f.) glaubt daraus schliessen zu können, indem er die ganze Partie des Ensenhamen von *de la gran gesta de Carlon* an bis zu *al bon rei Marselion* auf die Chanson de Roland bezieht, dass die letztere schon zu Guirauts Zeit „nicht mehr Ausdehnung hatte als jetzt" (que la gran gesta no tenia entónces mas extension que ahora). Das braucht nicht erst bewiesen zu werden; denn die Chanson de Roland in der uns überlieferten ältesten Gestalt ist älter als das Gedicht Guirauts. Aber es scheint mir auch, als ob Guiraut in dem ersten Teil des eben von mir bezeichneten Satzes vielmehr auf eine Chanson de geste anspielt, die die Ereignisse behandelte, welche den mit der Schlacht von Ronceval in unmittelbarster Verbindung stehenden noch vorausgingen; mir scheint, Guiraut spricht von einer Chanson, die man die Entrée en Espagne

(Con intret en Espaign' a bandon)

nennen könnte; womit ich natürlich nicht die Entrée en Espagne des Nicolaus von Padua meine, sondern ein ursprünglicheres, älteres Gedicht, von dessen Inhalt uns noch eine Partie der Karlamagnus-Saga (c. 51 ff.)[1]) eine Idee gibt.

Von nicht geringem Interesse ist die von mir nach der eben besprochenen angeführte Stelle aus dem Ensenhamen, wo von einer Gefangenschaft Karls zu Montmeillant die Rede ist. Ebenfalls ein Hinweis auf den Inhalt einer verlorenen Chanson. Aus der Chronik des Italieners Jacopo d' Acqui, der in der zweiten Halfte des 13. Jahrhunderts lebte, hat Gaston Paris ein längeres Citat gegeben, in dem die Gefangennahme Karls zu Montmeillant erzählt wird (a. a. O. S. 366 f.). G. Paris sprach die Vermutung aus, dass Jacopo d' Acqui aus einer verlorenen Chanson de geste geschöpft habe. Einen willkommenen Beweis hierfür bieten nun die Worte Guirauts, worauf zuerst Paul Meyer aufmerksam gemacht hat in seinen Untersuchungen über das französische Nationalepos (Bibl. de l'école des ch. IV, 3 S. 318).

Ich führe nun einige Namen an, die mit der im Mainet enthaltenen Jugendgeschichte Karls in Beziehung stehen und die ebenfalls von Guiraut de Cabrera genannt werden. Die aus der Geschichte des Albigenserkrieges S. 61 citirten Verse spielen auf diese Jugendgeschichte Karls an und zeigen, dass man sie auch im Süden Frankreichs kannte. Da der Mainet nur in jüngern Bearbeitungen sich erhalten hatte, war die von G. Paris vor einigen Jahren gemachte Entdeckung von Fragmenten einer Chanson de geste, die Karls Jugend episch be-

---

[1]) s. die Analyse der Karlam. Saga in der Bibl. de l'école des chartes. V. 5. S. 102f. u. Gaston Paris a. a. O. S. 119. u. 261f.

handelte, von hohem Werte. Bei Guiraut erscheinen nun folgende Namen, die auch in jenen Fragmenten vorkommen. Zuerst der in der Verszeile

<blockquote>Ni del bon Alvernat Uguon</blockquote>

genannte Hugo ist Hues l'Auvergnat[1]) des Mainet, der Beschützer des jungen Karls. (z. B. v. 96. ce fu Hugue et Henri et David li bo .. ler (boutelier)). Mit den Worten

<blockquote>Ni de Davi</blockquote>

wird nicht wie Milá y Fontanals meint, el profeta Davi bezeichnet, sondern ebenfalls einer der Schützer Karls im Mainet.

Ferner wird Morant le Turfier, ein Saracene, bei dem Karl wohnte (Main. S. 319 v. 160: Si les maine a l'ostel cies Morant le Turfier) von Guiraut genannt:

<blockquote>Ja de Mauran[2])
Om not deman.</blockquote>

Endlich wirft Guiraut seinem Spielmann auch vor, dass er nichts weiss

<blockquote>Ni del rei Braiman l'Esclavon.</blockquote>

Es ist dies der Saracenenfürst, den der junge Karl tödtet (genannt S. 321, v. 70: Braimant l' esclavons).

Vorher spricht Guiraut noch von Aguolan und Captan. Agolant ist der besonders aus der Chanson d' Aspremont bekannte Gegner Karls.

Von Karl Vorfahren nennt Guiraut Floovant:

<blockquote>De Floriven
No sabs nien.</blockquote>

Die Hs. hat freilich Florisen, aber unsere Besserung wird gestützt durch die Worte des Bertran de Paris (Guordo):

<blockquote>Ni no sabetz novas de Floriven
Que pres premier de Fransa mandamen</blockquote>

Floriven ist die provenzalische Form des frz. Floovant (die Reali di Francia: Fioravante), dessen Erlebnisse eine noch erhaltene Chanson de geste behandelt (s. die Einltg. zur Ausg. in d. Anciens poètes de la France S. IX).

---

[1]) Hues l'Auvergnat ist er in den Fragment des Mainet nicht genannt, aber von Girard d'Amiens, der aus der Chanson schöpfte (s. G. Paris Charlem. S. 472). Die Fragmente des franz. Mainet sind veröffentlicht durch G. Paris in der Romania Bd. IV S. 315—337.

[2]) also nicht Mabrian nieto de Maugis.

Die *Flamenca* nennt noch Geschichten von Chlodwig und Pipin:
>De Clodoveu e de Pepi
>Comtava l'us tota l'estoria.

Besonders zahlreich sind die Namen bei Guiraut, die dem Kreise des Wilhelm von Orange angehören. Die betr. Verse mögen hier folgen:

>Ni de Guille(r)mes lo baron —
>De Vezia
>Non sabs cos va
>
>— —
>— ni de Bovon
>—
>Ni de Guarin
>
>— —
>Ni de Folcueis ni de Guion
>Ni de Aimar — —
>Ni de Darnais
>Non sabes mais
>Com n'Aimeric en fes lo don.
>
>— —
>Ni de Bernart
>Ni de Girart
>De Viana ni de Bovon [1])
>
>— — —
>De Rainoal
>Ab lo tinal [2])
>Non sabs ren ni del gran baston —
>— — Ni de Rainier.

Guillermes lo baron ist selbstverständlich Guillaume au court nez; Bovon Beuve de Comarchis; Vezia, wie Milà y Fontanals auch bemerkt, Vivien der Schlacht von Aleschanz (die prov. Form Vezian in der Vida de S. Honorat, p. p. Sardou. S. 45 car aucisist en Aliscamps, Vesian lo mieu car cosin). Guarin kann Garin von Monglane sein (oder Garin d'Anseune?), Guion viell. Gui (einer der Söhne Beuves in Aimeri v. Narbonne), Folcueis etwa Foulquet de Candie, der Held einer Chanson de geste, Aimar der sechste Sohn Aimeris, öfter Aimer le chétif

---

[1]) hs. Viviana. Viana Bartsch.
[2]) hs. tival s. Eberts Jahrb. IV. 337.

genannt.¹) In Darnais vermutet Milá y Fontanals Andrenas, (a. a. O. S. 273 f.), welche Stadt Aimeri seinem Sohne Guibert schenkt (Guibert d'Andrenas). Bernart ist Bernart de Brebant, der älteste Sohn Aimeris (s. Aimeri v. Narbonne u. Guibert d'Andrenas), Girart de Viane der Oheim Aimeris und Held der nach ihm benannten Branche. Rainoal ab lo tinal ist der aus der zweiten Hälfte der Schlacht von Aleschanz bekannte Rainouart au tinel. Die Form tinal = frz. tinel ist auch sonst belegt²) und bedarf die Besserung keiner Rechtfertigung. Von Renaud von Montauban und seinem Rosse Bayard, wie Milá y Fontanals meint, ist hier nicht die Rede.³)

Zur Sippe Wilhelms gehört auch Olivier, der Sohn Reniers de Gênes. Ich führte die ihn nennende Stelle bei Roland an. Renier de Gênes ist viell. der zuletzt genannte Rainier.

Von den Vorfahren Wilhelms erwähnt noch Bertran de Born den Arnaut de Bellanda (Beaulande) in einem Sirventes (D'un sirventes nom cal far) wo zugleich auch die Rede ist von der Eroberung der Stadt Orange:

> Reis coronatz que d'autrui pren livranda,
> Mal sembla Arnaut lo marques de Bellanda
> Nil pros Guillem que conquis Tor Miranda
> Tau fon prezatz.

Tor Miranda ist der in der Prise d'Orange Gloriete genannte Palast Orables⁴) (Guibours). Diesem Namen begegnen wir in

---

¹) auf ein Erlebnis desselben spielt der Kerkermeister im Fierabras an v. 2073 f:

> Souvent voit on grant mal par fame alever;
> Encor me membr' il bien du caitif Aymer
> Cil qui ocist l'aufage a son branc d'acier cler,
> Et sa mollier se fist bauptisier et lever,
> Et Aymer le prinst a mollier et a per.

²) s. Lexique Roman unter tinal.

³) In der Bataille de Loquifer, einer Chans. de geste, die von den spätern Schicksalen Rainouarts, besonders von dessen Kampfe mit Loquifer handelt, tritt ein Bote auf, der den Verkehr zwischen den beiden Gegnern vermittelt; derselbe heisst Picolet (s. Hist Litt. XXII S. 533). Ist dies viell. derselbe, den Guiraut v. Calanson nennt in den Versen:

> E pueis d'Errer
> E de Picolet l'escremir.

⁴) s. Suchier: Ueber die Quelle Ulrichs v. d. Türlin (Paderborn 1873) S. 32, anm. 2.

einem vor 1177 [1]) verfassten Gedichte der *Azalais de Porcairagues* (Ar em al freg temps vengut):

> A dieu coman Bel Esgar
> E plus la ciutat d'Aurenza
> E Gloriet' el Caslar
> E lo senhor de Proensa.

Bertran de Born der jüngere bezieht sich auf die Chanson d'Aleschanz (Quant vei lo temps):

> Miels saup Lozoics deslivrar
> Guillelme, el fes ric secors
> Ad Aurenga, quan l'almassors
> A Tibaut l'ac fait asetjar.

Arnaut Daniel spricht von dem Neffen Wilhelms, Vivien (Douz braiz e critz):

> Al prim qu'intrei al castelh dins los decs
> Lai on estai midonz don ai gran fam,
> Qu'anc non l'ac tal lo nebot sanh Guillem.

Fauriel citirt (a. a. O. III, S. 463) noch aus einem Gedichte *Aimerics von Pegulhan* die Zeile:

> Ni ges Guillems d'armas plus non valia.

Den Vater Wilhelms nennt *Raimon de Tors de Marcelha*, 2. Hälfte des 12. Jahrhs., (Per l'avinen pascor):

> Ni pot mas ben fenir
> De sa cavalaria,
> Ni non li pot mentir
> Li gentils baronia
> De linhage antic
> Del valen n'Aimeric;
> Car anc jorn non mentic
> Ni a nuilh non faillic.

Raimbaut de Vaqueiras in einem schon öfter angeführtem Gedichte:

> Nil pros n'Aimeric
> Ni Rotlan ab sos poignadors
> Non saubron tant gen conquerer.

Es mag hier gleich eine andere Stelle aus einem Liede desselben Dichters angefügt werden, da in ihr der Gegner Wilhelms genannt wird (nach Fauriel III, 481):

---

[1]) das Lied ist an Gui Guerrejat, Bruder Wilhelms von Montpellier (s. Lebensbeschr.) gerichtet. Gui † 1177. (Diez a. a. O. 597).

> E s'anc jorn fon enemic
> Anc Tibautz ab Lozoic
> Non fetz plaitz ab tans plazers,
> Com eu quan sos tortz m'es ders.

Tibaut, der erste Verlobte (nach älterer Ueberlieferung Gemahl) Orables (Guibours) ist bekannt aus den Enfances Guillaume, Couronement Looeys u. der Prise d'Orange.

Wegen der französischen Form nes sind die schon öfter citirten Verse des Albigenserkrieges nicht ohne Bedeutung:

> Senhors, remembre vos Guilhelme al cort nes
> Co ab setj' d'Aurenca sufrit tan destruction.

Der Held der einzigen erhaltenen provenzalischen Chanson de geste, der aber auch der nordfranzösischen Heldendichtung wolbekannt ist und im Renaud de Montauban als Gegner Karls erscheint wie im provenzalischen Liede als Feind Karl Martels, war auch Guiraut von Cabrera nicht unbekannt. Die Verse:

> Ni de Rainier
> Ni de Girart de Rossillon

scheinen mir auf das provenzalische Heldengedicht hinzudeuten, denn der vor Girart genannte Rainer wird Rainier de Valbeton sein, der Ratgeber Karl Martels.

Peire Cardenal spielt auch einmal auf das provenzalische Gedicht an, da er Carles Martels und Girartz nebeneinander nennt (Per fols tenc):

> Anc Carles Martels ni Girartz
> — — —
> No ancizeron d'omes tans.

Ich erwähnte schon, wie Guirart von Roussillon unter den Gegnern Karls erscheint im französichen Epenkreise des Renaud von Montauban. Auch diesen kennt Guiraut de Cabrera. Es zeigen dies die Worte

> Non sab(s), sot dic,
> Ni de Rainaut ni d'en Aimon.

Im Text steht allerdings Rambaut. Aimon ist bekanntlich der Vater Renauds von Montauban. Mit Bovon, welcher Name bei Guiraut zweimal erscheint, wird einmal Beuve d'Aigremont gemeint sein, der Oheim Renauds, eine der Hauptpersonen der ersten Branche des von den vier Haimonskindern handelnden Gedichtes. In diesen Kreis gehört auch Loer (ni de Loer)

der Sohn Karls, der zu Beuve d'Aigremont geschickt und von diesem getödtet wird. (Ren. de Mont. her. v. Michelant. S. 19). Auch Doon von Nantueil erwähnt Guiraut (Bartsch Denkm. S. 91 v. 3):
Ni d'Olitia ni de Dovon.

Diesen kennen wir ebenfalls aus der ersten Branche des Renaud von Montauban. Es ist der Bruder des Aimon de Dordon, wie dies auch von Milà y Fontanals (a. a. O. S. 273) bemerkt ist. Ein Nachkomme dieses Doon ist Garnier von Nantueil, der Held der französischen Chanson de geste, die man nach der Heldin derselben Aye d'Avignon getauft hat. Auch diese Chanson kannte Guiraut, denn sein unwissender Spielmann weiss auch nichts (a. a. O. S. 92. v. 34):
Ni de bell' Aja d'Avignon.

Diese Anspielung steht nicht vereinzelt da, sondern Aya wird auch von andern Provenzalen genannt. Merkwürdiger Weise wird der Name Aya in Verbindung gebracht nicht mit Garnier, denn dieser ist nach der erhaltenen Chanson der Gatte von Aye d'Avignon, sondern mit dem Namen Landric.

So sagt *Pons de Capduelh*, vor 1190 (Humils et fis e francs):
Vostr' hom sui domna guaya,
Et am vos mais que Landrics non fetz Aya.

Und *Peire Raimon de Toloza*, letztes Viertel des 12. Jahrhunderts (Ar ai ben d'amor apres):
E plus fis si Dieus m'ampar,
Que no fo Landrics a n'Aya.

Paulet de Marcelha (nach Fauriel, a. a. O. S. 499):
Quar vos am, que qui en Naya
Mays que Enrics no fetz Naya.

In der zuletzt angeführten Stelle, die ich genau nach Fauriel gebe, wird st. Enrics jedesfalls Landrics zu lesen sein.

Landric oder frz. Landry ist der Held einer Erzählung gewesen, die wir nicht mehr besitzen. Ich widerhole noch einmal das schon früher gebrachte Citat aus dem Verbum abbreviatum des Petrus Cantor, wo es von den Spielleuten heisst: videntes cantilenam de Landrico non placere auditoribus und erinnere an den Vers im Roman d'Alixandre (Ausg. v. Michelant S. 2, v. 14):
Je ne vus commane mie de Laudri ne d'Augier.

Vielleicht haben wir es hier mit einem Stoffe zu tun, der erst
später in den Kreis der Karlssage hineingezogen ist. Eine, in
Südfrankreich besonders verbreitete, Erzählung mochte die
Schicksale Landrics und Ayas zum Gegenstande haben; die
nordfranzösischen Sänger bemächtigten sich des Stoffes und
setzten an Landrics Stelle Garnier, den Sohn Doons von Nanteuil, und so war die Anknüpfung an die Karlsepen vollbracht.
Daraus erklärt sich denn, dass von der Cantilena de Landrico,
die sich doch grosser Beliebtheit erfreut haben muss, nichts
übrig geblieben ist. Allerdings ist auch möglich, dass hier nur
eine zufällige Namenübereinstimmung verbanden ist, dass die
Aya, der nach dem Urteil dreier Troubadours jener Landric
eine so treue Liebe bewies, eine andere ist als Aye la bele
d'Avignon der französischen Chanson de geste und bell' Aja
d'Avignon des Guiraut von Cabrera; obgleich auch gerade die
treue Liebe des Garnier zu letzterer, seiner ihm geraubten
Gattin, das Hauptinteresse des französischen Gedichts bildet.
Wer weiss, ob diesem nicht ebenso in letzter Instanz ein byzantinischer Liebesroman zu Grunde liegt, wie dem Jourdain
de Blaivies.¹) Die Aye d'Avignon ist kein auf alten Traditionen der Volkssage ruhendes Gedicht; es spräche deshalb nichts
gegen die Wahrscheinlichkeit, dass der Stoff aus dem byzantinischen Osten stammend nach Westen gewandert wäre, zuerst
nach Südfrankreich, später ins Gebiet der Langue d'oil, wo
ihn französische Spielleute in das volkstümliche Gewand der
Chanson de geste gekleidet hätten. Landric und Aya wäre
dann die provenzalische Vorstufe zu Aye d'Avignon. In ähnlicher Weise könnte man sich den Stoff des Apollonius von
Tyrus in den Jourdain de Blaivies übergegangen denken.
Denn wir haben gesehen, dass auch dieser Stoff zuerst bei
den Provenzalen in populärer Sprache behandelt worden zu
sein scheint.

An die Chanson Aye d'Avignon schliesst sich eine Fortsetzung an, der Gui de Nanteuil. Gui von Nanteuil ist der
Sohn Garniers und der Aye.

Ob unter den drei Guion, die der unermüdliche Guiraut

---

¹) Dies hat Conr. Hofmann nachgewiesen in den Abh. der Münchner
Ak. 1871.

de Cabrera aufzählt, einer der Gui von Nanteuil sein soll, wollen wir nicht entscheiden. Aber ohne Zweifel nennt diesen Gui *Raimbaut de Vaqueiras* (Leu sonetz si cum soill) in einer Canzone, die zwischen den Jahren 1189 und 1192 verfasst ist[1]):

> Lo vaslet de Nantuoill
> Feri mielz de son bran.

Und (Non puesc saber per quem):

> Leis qu'ieu am mais que non amet vasletz
> Guis de Nantuelh la puissel Aiglentina[2])

Aimeric de Pegulhan (Lonjamen m'a trebalhat)[3]):

> Seignen Guillem Malespina, l'onor
> Avetz de totz, los bos aips e l'amor
> Don vos etz pres miels qu'anc Gui de Nantuoill,
> Car etz valens e d'amoros escuoill.

Tenzone zwischen Lanfranc Cigala und *Lantelm* (Lanfranc, quils vostres — nach Rayn. II. S. 306):

> E comtatz d'en Gui de Nantuelh.

Raimon Vidal de Bezaudu (En aquel temps):

> E eug fos n'Arnaut de Maruelh
> Que saup mai d'amor que Nantuelh,
> Ni nulh autre al mieu albir.

Flamenca:

> L'us dis del vaslet de Nantoill.

Wie aus vorstehendem zu ersehen ist, war der vaslet de Nantoill keine unberühmte Persönlichkeit in Südfrankreich, da er wenn wir von Roland absehen, der am öftesten erwähnte Held eines volkstümlichen Heldengedichtes ist. *Vasletz* dem französischen *vallet* entsprechend, ist der stehende Beiname des Gui, so auch in der Chanson de geste, z. B v. 150 (Ausg. in den Anciens Poètes d. l. Fr.):

> Si diron de Guion, le vallet de Nantueil.

Vielleicht hat die Abstammung Guis von einer Heldin, die in provenzalischer Sprache schon früher poetisch verherrlicht worden war, wie wir es von der Aya von Avignon vermuteten,

---

[1]) s. Diez a. a. O. S. 268.
[2]) Aiglentine heisst die Geliebte des Gui von Nantueil auch in der franz. Chanson de geste.
[3]) Fauriel führt diese Stelle (a. a. O. S. 512) fälschlich unter dem Namen Raimon Vidals auf.

besonders dazu beigetragen, bei provenzalischen Zuhörern die seinen Namen tragende Chanson populär zu machen.

Es bleiben uns nun noch vereinzelte Namen, die in den Kreis der französischen Heldensage mehr oder weniger hineingehören, anzuführen und zu besprechen. Hauptsächlich finden sich diese Namen bei Guiraut von Cabrera.

Die dichtende Sage hat, wie überall, auch in Frankreich ihre Lieblingsgestalten mit ganz bestimmten Charakterzügen ausgestattet. Selbst von verschiedenen Sängern geschildert, behalten Roland, Naimes, Olivier stets dieselbe, in der volkstümlichen Vorstellung typisch gewordene. Charakterzeichnung. Ein mehr untergeordneter Held der Karlssage ist Berart von Montdidier, der als einer der zwölf Pairs erst im Fierabras genannt wird, aber den Provenzalen bekannt ist und nach ihrem Urteil gewissermassen als der Gauvain der nationalen Heldendichtung erscheint.

Schon der alte Troubadour *Marcabrun*, der, wie die neuesten Untersuchungen ergeben,[1]) wol noch ganz der ersten Hälfte des 12. Jahrhunderts angehört, kennt den Berart (Al departir del brau tempier):

> Quan son la nueg jostal foguier
> N'Esteves en Costans en Ucs,
> Mais que Berartz de Monleydier[2])
> Tota nueg joston a doblier.

Noch in dasselbe Jahrhundert fällt das Gedicht *Peire Vidals* (Drogoman seigner) in dem es heisst (geg. 1181 s. Diez. a. a. O. S. 155):

> D'ardimen val Rotlan et Olivier
> E de domnei Berart de Monleidier —

und Raimbaut de Vaqueiras (Valen marques):

> Alexandre vos laisset son donar
> El pros Berartz domnei e gen parlar.

Eine einfache Nennung des Namens ist nachzutragen aus *Guiraut de Cabrera*:

> Ni de Berart ni de Bovon.

Erst in einer verhältnismässig jung erscheinenden Chanson de

---
[1]) s. Paul Meyers Aufsatz über Marcabrun in der Romania VI, 119—129.
[2]) frz. Montdidier.

geste, im Gaufrey, spielt Berart eine bedeutendere Rolle. Diese Chanson gehört dem Kreise Doons von Mainz an. Er ist hier der Held einer Episode, zu welcher eine Episode des Fierabras eine vollständige Parallele bildet. Im Fierabras wird erzählt, wie Floripas, eine saracenische Königstochter, die gefangenen französischen Helden freundlich behandelt, sie befreit und mit ihnen entflieht aus Liebe zu Gui de Bourgogne. Ganz dieselbe Entwicklung zeigt die Episode des Berart und der saracenischen Princessin Gloriant im Gaufrey. Auch hier hat der vorteilhafte Ruf Berarts die Königstochter so gewonnen, dass dieselbe Berart von Montdidier zu lieben beschliesst, ehe sie ihn gesehen hat. Es liegt auf der Hand, dass der Fierabras oder der Gaufrey eine Nachahmung enthält. Wenn man in Erwägung zieht, wie alt der Ruhm Berarts bei den Provenzalen war und wie das Zeugnis Marcabruns uns zwingt, eine poetische Behandlung der Abenteuer des Helden schon für die erste Hälfte des 12. Jahrhunderts anzunehmen, so entscheiden wir uns dafür, dass die Episode von Gui de Bourgogne und Floripas eine Nachahmung ist.[1]) Dass der Verfasser des Fierabras den Berart zum ersten Male zu einem der 12 Pairs macht,[2]) wovon die älteren Ueberlieferungen nichts wissen, spricht auch für die Wahrscheinlichkeit der eben aufgestellten Behauptung: er konnte es nur tun, wenn Berart durch frühere Dichtungen schon die nötige Bedeutung erlangt hatte. Ich denke mir aber, dass Berart den Ruf der höfischen Ritterlichkeit bei den Provenzalen nur dann erlangen konnte, wenn er der Held einer Liebesepisode gewesen war. Der Schluss, den wir nun aus allem zu machen haben, ist der, dass die nach Gaufrey benannte Chanson de geste in den Partien, die insbesondere sich mit Berart de Montdidier beschäftigten, auf alter, aus dem Anfang des 12. Jahrhunderts stammender Ueberlieferung beruht. Die Möglichkeit bleibt dabei nicht ausgeschlossen, dass wir in ihm einen ursprünglich provenzalischen Helden zu erkennen haben, dessen sich die Nordfranzosen später bemächtigten.

---

[1]) vgl. Grüber's Arbeit über den Fierabras III.
[2]) G. Paris gibt in dem schon öfter citirten Werke im Appendix XVI (S. 507) die Namen der 12 Pairs, wie sie in den epischen Gedichten der ältern, mittleren und jüngern Periode erscheinen.

Ogier le Danois, ursprünglich einer der Gegner Karls, erscheint doch schon früh in der Liste der zwölf Pairs (Gui de Bourgogne, Otinel, Voyage à Jerusalem). Unter den Troubadours ist Guiraut von Cabrera der einzige, der ihn nennt. Ausser der Zeile
>Del duc Augier

findet sich weiter keine sichere Anspielung auf Ogier.[1]
Es folgen dann die Verse:
>Ni d'Olivier
>Ni d'Estout ni de Salomon.

Und vorher heisst es:

Ferner:
>Ni de Guondalbon lo Frizon.
>
>Ni de Terric
>Non sabs, sot dic.

Diese Namen sind alle mehr oder weniger oft in verschiedenen Chansons de geste des Karlsagenkreises zu finden. Estout de Langres wird in Gui de Bourgogne, im Otinel und von Girard d'Amiens genannt. Salomon von Bretagne erscheint in Aspremont. Jacopo d'Acqui, der in der schon angeführten Chronik ein Verzeichniss der Helden gibt, die Karl nach Spanien begleiteten, nennt ebenso wie Guirart nach einander *Esturnitus comes* und *Salomon gigas*. In Guondalbon lo Frizon (bei Jacopo d'Acqui: *Gandelborius rex Frixiae*) erkennen wir Guondebeuf de Frise wider, der allerdings nicht, wie Milà y Fontanals meint (a. a. O. S. 272), in der Chanson de Roland, wol aber schon bei Turpin erscheint (vgl. G. Paris. Hist. poét. S. 293). *Terric* endlich wird der Thierry des Rolandsliedes sein.[2]

---

[1] Vielleicht ist es eine Widerholung, wenn es noch einmal in dem Ensenhamen heisst:
>Ni del Danes.

Ferner finden sich am Schlusse des Gedichtes die Verse:
>Ni de Mareut
>Ni d'Arselot la contenson.

Sollte hier viell. zu lesen sein Careut und de Carlot, so dass auf den Kampf Carlots mit Carent angespielt wäre, der in der ersten Branche des Ogier erzählt wird?

[2] der Zusammenhang, in dem Terric genannt wird, drängt uns zu der Vermutung, dass hier nicht der Terric des Girart v. Ross. gemeint ist. Thierry ist bekanntlich auch der Hauptheld der Gaidon benannten Chanson de geste.

Ein Gedicht vom Sachsenkriege Karls scheint Guiraut anzuführen mit den Worten:
> Del Saine cut
> C'ajas perdut
> Et oblidat los motz el son

(s. Milá y Fontanals S. 270). Es sind nun noch Anspielungen auf Chansons de geste zu besprechen, die entweder nicht eigentlich in den Kreis der Karlssage gehören, oder aber demselben ganz fern stehen. Eine Chanson d'Ajol muss *Guiraut von Cabrera* gekannt haben, wie sich aus folgendem ergiebt (Milá y Fontanals S. 270 f.):
> Ni sabs d'Ajolz
> Com anet solz
> Ni de Ma(r)chari lo felon.

Ajol, der Sohn des Grafen Elie von St. Giles, kommt allein an den Hof des Königs Ludwig; Macaire ist erst der Gegner Elies, dann Ajols (s. hist. litt. XXII. p. 285). Aiol wird auch genannt in einer Tenzone Bonafes und *Blacatz* (Seignen Blacatz, pois per tot):
> Tant es la riquesa grantz qu'a vos s'aplata
> Qu'anc Aiols, non sai, menet major ufana.

Die Chanson de geste des Elie de St. Gilles, des Vaters von Aiol, scheint Guiraut auch gekannt zu haben. In derselben spielt ein Bote namens Galopin eine Rolle. Guiraut nennt diesen Namen:
> De Gualopin

(s. Milá y Fontanals a. a. O. S. 272).

Anseis, dessen Namen wir auch bei *Guiraut von Cabrera* finden, hält Milá y Fontanals (a. a. O. S. 271) für Anseis de Cartage. Aber die diesen Namen tragende Chanson gehört ins 13. Jahrh. und enthält auch ihrem Stoffe nach nichts von alter Ueberlieferung, sondern trägt die Merkmale einer späten Nachahmung durch Wiederholung früher verwendeter Züge und Situationen. Dieser Anseis gehört vielmehr zu den Loherains. Ausser der Zeile
> Ni d'Anseis

verraten des Troubadours Kenntnis von diesem Liedercyclus die Verse:

und:
>
> Del Loerenc
> Non sabs co venc
> (— eine Zeile ist ausgefallen —).

und vielleicht¹):
> Ni de Gribert
> Ni del vilan.

Diesen letzten Vers betrachtet nämlich Milá y Fontanals (S. 276) als Anspielung auf die Herkunft des Hervis von Metz, des Stammvaters der Loherains. Hervis von Metz ist der Sohn der Aelis von Lothringen und des bürgerlichen Statthalters Tierri. Hervis de Metz wird aber nicht als *li vilains* bezeichnet, wol aber sein Oheim Hervis (s. Hist. litt. XXII. S. 588). Girbert (Gribert) heisst der Sohn des Lothringers Garin. Anseis ist der Sohn Girberts.

Man muss also annehmen, dass diese alten Lieder von den Kämpfen der Loherains, die im äussersten Osten Frankreichs heimisch waren, schon früh (von 1170) im Süden bekannt geworden sind.

Die alte Sage von Amicus und Amelius berührt *Guiraut von Cabrera* in folgenden Versen:

> Ni sabs d'Amic
> Consi guaric
> Ameli, lo sieu conpaignon.

Wahrscheinlich wird schon zu Guirauts Zeit der Stoff in einer französischen Chanson de geste behandelt worden sein. Uc de la Bacalaria stellt auch einmal Amelis als Muster der Treue hin (Per grazir la bon' estrena).

Von der Geschichte von Valentin und Orson existirt bekanntlich keine alte französische Version. Die älteste erhaltene Fassung dieses Romans geben die niederländischen Bruchstücke (Hofmann, Altd. Blätter I, 204—206); der französische Prosaroman erschien im Druck 1489 (Lyon).²) Wenn nun in einem Verse Guirauts von Cabrera (Denkm. 91, 9) statt des ganz sinnlosen Faqeleni³) gelesen wird: Valentin, so erhalten wir in den Worten

> Ni de Valentin ni d'Orson

ein Zeugnis für das hohe Alter der Erzählung. Die Geschichte

---

¹) wenn dieser Vers richtig überliefert ist, s. o. S. 50.
²) s. Grässe a. a. O. S. 277 f.
³) ni de Faqeleni ni d'Orson.

ist bekanntlich mit der Karlssage dadurch in einige Verbindung gebracht, das Valentin und Orson als Neffen Pipins dargestellt werden. Raoul de Cambrais bezeichnet Guiraut von Cabrera als den Hochmütigen von Cambrais:

> Del Orgoillos
> Non sabes vos
> De Cambrais ni de Bernison.

Mit diesem Orgoillos de Cambrais kann, wie Milá y Fontanals a. a. O. S. 273 bemerkt, kein anderer gemeint sein, als Raoul. Entgangen ist aber dem spanischen Gelehrten, dass Bernison der französische Bernier ist, erst der getreue Waffengenosse, dann der Gegner Raouls. Selbst im französischen Gedichte wird Bernier von Ribemont einmal Bernison genannt.[1]) Die alte Chanson von Raoul de Cambrais war auch andern Dichtern bekannt.

Folquet de Romans nennt den Raoul einmal, wol nur, weil er einen Reim auf -ais brauchte (Ma bella domna):

> Ma bella domna, per vos dei esser gais,
> Qu'al departir me dones un dolz bais,
> Tan dolzamen lo cor del cors me trais;
> Lo cor avetz, domna, qu'eu lo vos lais
> Per tal coven qu'eu no voil cobrar mais,
> Que meill non pres a Raol de Cambrais
> Ne a Flori quan poget el palais,
> Com fez a mi.

Und *Isnart d'Entrevenas* (Del sonet d'en Blacatz):

> Ni Tiflas de Roai
> Ni Raols de Cambrai
> Noi foron.

Auch die Geschichte des Albigenserkrieges bezieht sich einmal auf eine Episode aus Raoul de Cambrai:

> Aisi ars et rumet Raolf, cel de Cambrai,
> Una rica ciutat que es pres Doai,
> Poichas l'en blasmet fort sa maire n'Alazais.

Von den Chansons de geste, die in den Kreis der Sage vom Schwanenritter gehören, scheint Guiraut von Cabrera

---

[1]) In den Versen des Anfangs:
> Raoul ot non, molt paravoit vigor;
> As fis Herbert fist maint pesant estor,
> Mais Bernecons l'ocist puis a dolor.

diejenige zu kennen, welche ganz besonders auf geschichtlicher
Grundlage beruht, die Chanson d'Antioche:
> D'Antiocha
> Non sab[r]es ja
> Ni de Milida la faisou.

Auch bezieht sich bekanntlich der Verfasser der Geschichte des
Albigenserkrieges auf dieses Gedicht mit den Worten:
> Senhors, esta canso est faita d'aital guia,
> Cõm sela d'Antiocha e aissis versifia,
> Et sa tot aital so qui dire lo sabia.

Es ist wohl kaum zu bezweifeln, dass hier mit der Canso
d'Antiocha die französische Chanson d'Antioche gemeint ist,
welche uns erhalten ist in der Ueberarbeitung des Graindor
von Douai, da dieselbe auch in Alexandrinern gedichtet ist.
Dieses Werk aber kann keine Uebersetzung eines provenzalischen Gedichts sein, sondern muss gleich in seiner ersten,
ältesten Fassung in Nordfrankreich entstanden sein (s. Hist.
litt. XXII. S. 354 f.). Es hindert daher nichts die Annahme,
dass Guiraut in der angeführten Stelle sich auf diese französische Chanson d'Antioche bezieht, von der die ältere Redaction
gewiss zu seiner Zeit schon vorhanden gewesen ist.[1]

Peire Cardenal ferner nennt einen Namen, der einem
andern Gedichte dieses Kreises angehört, in einem Sirventes
aus dem zweiten Jahrzehent des 13. Jahrhunderts (Per fols tenc):
> E que sapcha mais que Rainartz
> Et aja mais que Corbarans.

Corbaran heisst in der Chanson des Chetifs der saracenische
Fürst von Oliferne (s. Hist. Litt. XXII. S. 386).

Guiraut de Calanson endlich macht eine Anspielung auf
das eigentliche Gedicht vom Schwanenritter, die Chanson des
Enfances Godefroi (Li greu dezir):
> E tug li pros ques volon far grazir,
> Fan lurs belhs dos lai on pus an sabor,
> E breu respos es loncs joi en amor;
> Perque domna non deu son joi fenir,
> Cum fes Helis la comtessa de Flandres.

---

[1] An das Werk Guillems Bechada ist wol nicht zu denken, der
nach dem Zeugnis des Gottfried von Vigeois die Eroberung von Jerusalem durch die Kreuzfahrer besang (s. Hist. litt. X, 553), eben weil kaum
anzunehmen ist, dass dies Gedicht in Zwölfsilbnern verfasst worden sei.

Durch die Ueberschreitung des Gebots ihres Gatten Helias de l'Ille forte, nicht nach seiner Herkunft zu fragen, zerstört die Gräfin Beatrix selbst ihr Liebesglück. Guiraut warnt seine Dame, diesem Beispiel zu folgen. Da er um 1210 lebte und dichtete, kann Guiraut ganz gut die Enfances Godefroi gekannt haben. Wenn es nötig wäre, könnte man in dieser Anspielung einen Beweis dafür sehen, dass der Schwanenritter Loherangrin erst eine Erfindung Wolframs von Eschenbach war. Denn wenn ein provenzalischer Dichter den durch die verhängnisvolle Frage vertriebenen Ritter schon Loherangrin genannt hätte, wie Wolfram es später tat, so würde Guiraut von Calanson wol eher den aus dem provenzalischen Gedichte stammenden Namen, als den Helias der französischen Chanson de geste genannt haben.

Einer ziemlichen Berühmtheit muss sich das alte Gedicht von Isembart und Gormon erfreut haben.

Guiraut von Cabrera nennt sowol Gormon als Isembart, aber nicht unmittelbar nacheinender, nämlich zuerst (Denkm. 91, v. 34):

Ni d' Esimbart

und dann (Denkm. 92, v. 5 ff.):

Ni de Guormou
Qui tot lo mon
Cuidava conquerre per son

Ferner werden beide erwähnt von *Peire Cardenal* (Per fols tenc):

Nil rei Gormon ni Isembartz
No aucizeron d'omes tan.

Und im Ensenhamen *Bertrans de Paris* heisst es:

Ni no sabetz novas del rei Gormon
Ni del cosselh qu' Izambart det sul pon.

Das Gedicht, auf das obige Verse sich beziehen, hat zum historischen Hintergrund den Sieg Ludwigs III. bei Saucourt, ist also rein nordfranzösischen Ursprungs. Im Aimeri von Narbonne (s. G. Paris a. a. O. S. 400) wird berichtet, dass Ludwig, der Sohn Karls des Grossen, den König Gormon getödtet habe. Die Volksdichtung verlegte eben alle Siege der Karolinger in die Zeit Karls des Grossen. Bekanntlich ist noch ein Fragment von dem altfranzösischen Gedichte vom König Gormon erhalten (abgedr. in Reiffenbergs Phil. Mouskés

t. II, S. X ff.). Aber dieses Gedicht, in Achtsilbnern abgefasst und gereimt in der Weise der epischen Volksdichtung, trägt noch ganz historischen Charakter und wahrt dem wirklichen Sieger von Saucourt sein Recht. Wir denken uns, dass die Troubadours sich nicht auf das Werk, dem das erhaltene Bruchstück angehört, bezogen, sondern auf eine Chanson de geste, deren Inhalt die Normannenkriege Karls bildeten, und in welcher Ludwig der Sieger von Saucourt identificirt ward mit dem Sohne Karls. Diese Chanson de geste, welche der Verfasser des Aimeri von Narbonne kannte, werden auch die Provenzalen gekannt haben.

Auberi le Bourgoing, auch ein Held des östlichen Frankreichs, gefeiert in einer umfangreichen Chanson, wird nur genannt von *Guiraut von Cabrera*:

Ni d' Albaric lo Borguognon.

Endlich wird von *Guiraut* auch ein Milon genannt in dem Verse:

Ni de las ganas de Milon

Es kann hier nicht Milon de Pouille, (wie Milà y Fontanals a. a. O. 270 sagt) gemeint sein. Die *ganas de Milon* passen am besten auf den verräterischen Milon der Chanson Parise la duchesse. Hier ist es Milon, aus dem Hause Ganelons, der im Verein mit seinen Verwandten Parise bei ihrem Gatten verläumdet, aber wie diese ihre Unschuld durch einen Zweikampf beweisen lassen will, die List braucht sich selbst der Herzogin als Kämpen anzubieten, um dieselbe desto sicherer ins Verderben zu stürzen, da er dann, zum Kämpen bestellt, sich besiegen lässt (s. Parise la duchesse her. v. Guessard u. Larchey v. 276 ff.).[1]

Es bleibt nun noch eine ziemliche Anzahl von Namen in dem Ensenhamen Guirauts von Cabrera übrig, mit denen wir nichts anzufangen wissen; ich stelle dieselben weiter unten zusammen.

Unter den späteren Troubadours scheint *Peire Cardenal* besonders mit den Erzeugnissen der volkstümlichen Epik vertraut gewesen zu sein. Es ist noch eine hierhergehörige An-

---

[1] Freilich lässt sich die Zeit der Abfassung der uns erhaltenen Chans. d. geste Parise unmöglich vor 1170 setzen.

spielung von ihm zu verzeichnen: sie gilt Bueve de Hanstone (L'arcivesques de Narbona):

> Pro m'entendran li entenden,
> Et a l'autre gent bricona
> Chantarai dels filhs Narsen
> E de Bueves de Antona.

Bei *Bertran de Paris* (Guordo) finde ich noch den Namen Aspinel, der möglicherweise identisch ist mit dem Ospinel des deutschen Karlmeinet, wenn auch das im letzten Teile dieser Compilation von Ospinel, dem Könige von Babilon, Erzählte keinen Anhalt gibt zur Erklärung von Bertrans Worten:

> Ni d'Aspinel per q'aussis l'escassier.

Wir verlassen das Gebiet der französischen Heldensage und wenden uns der Tiersage zu, von der gewiss niemand behaupten wird, dass sie anderswo in Frankreich heimisch war, als in den an der Ostgrenze liegenden Gebieten. Es können daher auch die Stellen in provenzalischen Gedichten, wo eine Kenntnis der Tiersage verraten wird, nur als nicht uninteressante Belege dafür betrachtet werden, dass es auf dem Felde der erzählenden Dichtung keine irgendwie bedeutende Erscheinung in der nordfranzösischen Literatur gab, die nicht dem Süden, selbst als die provenzalische Literatur noch in Blüte stand, auch bekannt geworden ist. Allerdings scheint die Tiersage später als die Heldendichtung und die Gedichte des bretonischen Kreises nach Südfrankreich gedrungen zu sein.

Peire de Bussignac ist wol der älteste Dichter,[1]) bei dem wir eine Kenntnis des Tierepos nachweisen können. Es geschieht dies durch folgende Stelle (Pos lo doutz temps d'Abril):

> Anc Rainautz d'Isengri
> Nos saup tant gen veugar,
> Quan lo fetz escozar
> E il det per enriquir[2])
> Capel e gans,
> Cum eu faz quan m'azir.

Die Episode, auf die der Troubadour anspielt, ist bekannt.

---

[1]) er war Zeitgenosse Bertrans de Born nach dem Worten der Lebensbeschreibung: Trobaire fon de bons sirventes de reprendre las domnas que fazian mal, e de reprendre los sirventes d'en Bertran de Born.
[2]) B. nil d. p. escarnir C.

Gavaudan, von dem ein Gedicht aus dem J. 1195 (s. Diez a. a. O. S. 524) nachweisbar ist (Lo mes el temps):

> Proeza sen castic e marc,
> E malvestat aplanc e derc
> E prendi Rainart per domerc
> E laissi al buca per dorc.[1])

Peire Cardenal nennt in dem schon öfter citirten Sirventes (zw. 1210 u. 1220. Per fols tenc) Rainart:

> E que sapcha mais que Rainartz.

und in einem andern (Li clerc si fan):

> Que n'Izengris un dia
> Volc a un parc venir;
> Mas pels cans que tenia
> Pel de moton vestic,
> Ab que los escarnic:
> Pueis manjet e traizic
> Tot so quelh abellic. —

Ricard de Tarascon (um 1210 s. Parn. occ. 385 u. Hist. genér. de Prov. t. II. p. 409) sagt (Cabrit al meu vejaire):

> Que vas mi etz de pejor art,
> Non fon ves n'Esengrin Rainart.

Aimeric de Pegulhan antwortet Guillem de Berguedan in einer Tenzone (De Berguedan d'estas doas razos):

> N'Aimeric tot enaissi o faitz vos[2])
> Cum fetz Rainart, quant ac del frug sabor,
> Que sen laisset non per autra temor,
> Mas quar non poc sus el serier montar.

---

¹) C gran cuba R.

²) Die Stelle ist eine Nachahmung. Nämlich in einer Tenzone zwischen Bern. v. Ventadorn u. Peirol (Peirol cum avetz tant estat) heisst es:

> Bernart, ben es acostumat,
> Qui mais non pot, c'aissi perdo,
> Que la volps al sirier dis o:
> Quan l'ac de totas parts cercat,
> Las sireisas vic long de se,
> E dis que non valion re:
> Atressi m'avetz vos gabat.

Zu bemerken ist aber, dass hier der Fuchs noch nicht Rainart heisst, welcher Name des Fuchses doch erst durch das Tierepos bei den Provenzalen populär geworden sein kann. Man vergleiche hiermit eine Stelle in Amis und Amiles, wo auch der Fuchs ohne Eigennamen erscheint (ed. C. Hofmann v. 571 ff.):

Serveri de Gerone dichtete in der 2. Hälfte des 13. Jahrhunderts (Milá y Fontanals S. 367 ff.) Pus semblet Genier amors:

>Pus semblet Genier amors,
>E guardet vas doas partz
>E renhet si cum Rainartz,
>Ne fon sos servir honors;
>Pero amor non es mas lialtatz,
>Ni a enjan en fis enamoratz.

Isnart d' Entrevenas (Del sonet d'en Blacatz):

>De tant fo mal membratz,
>Car dons Rainartz lo ros,
>Ni Belins lo moutos
>N'Isengrins l'afilatz — —
>—
>No i foron.

Ein Gedicht bleibt noch zu besprechen, dessen einstiges Vorhandensein zahlreiche provenzalische Zeugnisse erweisen. Es ist dies der Roman von Andrieus de Paris. Ich lasse zuerst die auf ihn sich beziehenden Stellen folgen.

Das älteste Zeugnis dürften die Worte *Gauselms Faidit* (Cora quem des benanansa) enthalten (um 1190 [1])):

>Car sels Andrieus com romansa
>Non trais anc tan greu martire
>Per la reina de Fransa
>Com eu per lei cui desire.

In die 90er Jahre (Zeit seines Aufenthalts am Hofe des Markgr. Bonifaz II. von Montferrat) fällt das Gedicht *Raimbauts de Vaqueiras* (No posc saber perquem sia), aus dem wir folgende Worte anzuführen haben:

>Amada us ai mais qu'Andrieus la reina.

Raimon Jordan de St. Antonin dichtete wol noch im letzten Jahrzehnt des 12. Jahrhs. [2]) (Vert son li ram):

>Enans l'am mais, s'elam guart ni m'ajut,
>No fes Andrieus la reina de Fransa.

>De la gourpille voz doit bien ramembrer
>Qui siet soz l'aubre et weult amont haper,
>Voit les eclises et le fruit méurer;
>Elle n'en gouste qu'elle n'i puet monter.

[1]) das Lied ist an Maria von Ventadorn gerichtet, die Gattin Ebles des V. Zeitgenossen Bertrans de Born. s. Diez. a. a. O. S. 362.

[2]) da er der Elis v. Montfort, Schwester Mariens v. Ventadorn, huldigte, welche Dame auch von Bertran de Born genannt wird in Domna, pos de mi nous cal.

Ins 13. Jahrhundert gehören:
Eine Tenzone zwischen *Gauselm Faidit* und *Albert de Sestaro* (Gauselm Faiditz, eu vos deman):
> Et amors fes n'Andrieu morir.

Aimeric von Pegulhan (S'ieu tan ben no ames):
> Et ieu plus que n'Andrieus
> Non ai poder en mi.

Uc de la Bacalaria (Per grazir la bon' estrena):
> Qu'eu jur pels sans evangelis
> Que anc Andrieus de Paris,
> Floris, Tristans ni Amelis
> No foron d'amor tan fis.

Elias von Burjols (Bon' aventura don deus):
> Si tant gen muri Andrieus,
> Non amet mielhs en son cor
> Qu'ieu fach lieis qu'ai encobida.

Tenzone zwischen *Guillem de la Tor* und *Sordel* (Us amics e un' amia):
> E n'Andrieus sitot s'aucis,
> No guazanhet re, som par.

Aimeric de Belenoi (Ja n'er crezut qu'afans ni consiriers):
> Ni per amor puosca nul hom morir,
> Car ieu non muor, e mos mals es tan grieus,
> Per qu'ieu non crei qu'anc en moris u'Andrieus.

Guillem Magret (Atrestan bem tenc):
> Atrestan bem tenc per mortel
> Cum selh qu'avia nom Andrieu.

Tenzone zwischen *Peironet* und *Guiraut von Salignac* (En Peironet, vengut m'es):
> Segner Giraut, tug li ben el damnatge
> Movon pels huoills d'amor que c'om vos dia,
> C'ad Andrivet meiron al cor tal ratge
> Qu'en pres la mort per lieis cui dieu maldia.

Jordan de Cofolen (Anc mais aissi finamen):
> Aissi m'auci, per tal coven morrei
> Qu'aissi s'en vai l'arma tot en rizen,
> Anc genser fi no fetz hom qu'ien farei,
> Mas ad Andrieu enpres tot eissamen:
> Quar elh mori de tot aital esfrei
> Cum ma dona auci atressi mei.

Man ersieht aus vorstehender Zusammenstellung, dass das traurige Geschick des Andrieu ebenso wie das Liebesleid

Tristans ein oft von minnesiechen Troubadours ausgebeuteter locus communis gewesen ist. Weil nun diese Anspielungen auf die Erzählung von Andrieu und die Königin von Frankreich sich nur in der provenzalischen Literatur finden, wird man, da jene Dichtung selbst nicht mehr vorhanden ist, nichts anderes annehmen können, als dass dieselbe eine der wenigen wirklich provenzalischen erzählenden Dichtungen war. Wahrscheinlich wird sie in den 80er Jahren des 12. Jahrhunderts entstanden und bekannt geworden sein. Was den Inhalt des Gedichtes angeht, so geben uns die Andeutungen der Troubadours hierüber wenig sicheres an die Hand. Während sie vom Tristanromane die Hauptpunkte berührten, sodass man sich ein ungefähres Bild von dessen Inhalte beim Mangel anderer Hilfsquellen schon hätte machen können, wissen wir von Andrieu nur soviel, dass er eine Königin von Frankreich leidenschaftlich liebte und durch seine Liebe den Tod fand. Diese Unbestimmtheit der Anspielungen erlaubt uns den weitern Schluss, dass wir es hier nicht mit einer längern episodenreichen erzählenden Dichtung zu tun haben, sondern nur mit einer kurzen Liebesnovelle, die etwa in Form und Umfang der Novelle des Arnaut von Carcasses glich. Aus dem geringen Umfang, den das Gedicht besass, kann man sich denn erklären, dass dasselbe trotz seiner Popularität verloren gegangen ist. Ich glaube also nicht, dass wir mit Diez (Poesie der Troubadours S. 212) die Geschichte des Andrieu mitzurechnen haben unter die provenzalischen Romane, deren Verlust wir beklagen.

Wer der Verfasser dieser Novelle gewesen sei, ist unsicher. Bekannt ist die Behauptung des Nostradamus, dass „Pons de Bruoil de las amors curabyadas de Andrieu de Fransa" gedichtet haben solle. Man hat, da ein P. de Bruoil nicht bekannt ist, vermutet, dass Nostradamus Pons de Capduoil habe schreiben wollen (Rayn. II, 299, Diez Poesie S. 212) und dieser dann der Verfasser der poetischen Erzählung gewesen sei. Es würde dies mit den zeitlichen Verhältnissen stimmen, da Pons de Capduoil 1180—1190 blühte; allein die Autorität des Nostradamus ist überhaupt zweifelhaft, er selbst kannte das Gedicht nicht mehr, und es gewinnt daher die Vermutung von Bartsch (Grundr. S. 20) die grösste Wahrscheinlichkeit, dass

Nostradamus Behauptung, Pons de Capduoil sei der Verfasser der Novelle gewesen, der Gewohnheit des Dichters ihren Ursprung verdankt, die Geliebte bisweilen mit dem Verstecknamen mon Andrieus anzureden.

Als Nachtrag sei nun noch eine Anzahl von Stellen und Namen angeführt, die ich gewissermassen als herrenloses Gut betrachte, da es mir nicht gelungen ist, sie als zu einem der mir bekannten epischen Stoffe in Beziehung stehend nachzuweisen. Vielleicht gelingt es anderen, die mehr Belesenheit besitzen, als der Verfasser dieser Arbeit, das Dunkel aufzuhellen, welches diese Anspielungen umhüllt. Es kann möglich sein, dass in denselben noch Spuren zu erkennen sind, die auf das einstige Vorhandensein eines oder des anderen provenzalischen Gedichtes schliessen lassen. Aber ein vereinzelter Name, eine flüchtige Berührung einer Episode aus irgend einer Erzählung bieten an und für sich zu wenig sichern Anhalt zu solchen Schlüssen. Dieselben scheinen mir nur gestattet, wenn, wie im zuletzt besprochenen Falle, sich mehrere deutliche Zeugnisse nebeneinander stellen lassen.

Zuerst folge hier, was in dem Eusenhamen *Guirauts von Cabrera* noch unerklärt geblieben ist:

    Ni de Rai [1])

    Ni d'Aigleta

    Ni de Guasmar

    Ni de Daurel ni de Beton

    Ni de Milida la faison.
    Ni de Saurel
    Non sabs quel pel
    Ni de Valflor ni de Merlon.

    Ni de Sicart —

---

[1]) Milá y Fontanals will in Rai Verschreibung für Kai sehen. Dieser Kai soll der bekannte Seneschal des Artus sein; aber die prov. Form von frz. Kex ist Quet (s. Flamenca).

Ni de Jausbert
Non sabes cert
— —
Ni de Captan.
— —
Ni de Verdun¹) ni Vosprezon.
Ni de Cardueill²)
Ni de Marcueill
Ni de Aimol ni de Guion

Del Formanes
Ni del Danes
Ni d'Antelme ni de Frizon.
— —
Ni de Marcueill
Con perdet l'oill
A la ponta d'un aguillon,
Ni de Bramar
No sabs chantar
De l'auca ni d'en Auruzon
— — —
D'Arumalec
Ni de Calcan lo rei felon,
— —
Ni de Formus
Que sofri tanta passion,
Del cavalier
Ni del livrier
Que sus en la garda mort fon.

Man sieht, es bleibt hier noch einiges zu erklären. Manche Namen gehören offenbar volkstümlichen Epen an (Sicart, Jausbert, Aimol, Frizon etc.).

Guiraut von Calanson nennt folgende Namen, die noch der Erklärung bedürftig sind:

D'Eufrazion
— —
E de Dracon³)
Con anet a tonas murir
— —
Del rei Seon
—

---

¹) hier, wie Milá y Fontanals, an den Vertrag von Verdun zu denken, scheint mir doch wenig angebracht.
²) Hier ist vielleicht das Cardueil der Artusromane gemeint.
³) vielleicht der Drogo des Guirart von Roussillon?

Del rei Flavis

—

D'Artasenes

— —

Del rei Leri
E del emperi
Del pneg on vens non pot ferir;

— —

Del rei Brutus ¹)
E de Leus
Con saup ab son fraire partir;
E de Foler
E de Doer,
Con fetz lo taur acondomir

— —

Del Baraci
E del devi
Que anc non poc al lop fugir

— —

E de Felis
Ni com lo fes amors morir;
De Marescot ²)
E de Nenbrot
Qui pogran leu un bou trair;
Del duc bastart
De Luziart
Com auzet lo cor enardir
De Pamfili —
E d'Olcin
Que non volc lo pau devezir;
De Clodomer
E pueis d'Errer
E de Picolet l'escremir;
De Zarones.

— —

Con cil de Rens
En feron Julius fugir;
Apren d'Aureill
E del conseill

---

¹) es könnte hiermit der Brutus, nach dem der Roman de Brut benannt ist, gemeint sein.

²) In dem schon einmal citirten Bücherverzeichnisse des Guy Beauchamps, Grafen von Warwick, erscheint auch:
un volum del Romaunce des Mareschaus (Tristan p. p. Fr. Michel I, CXXI).

>
> Que det la domn' apres dormir
>
> — —
>
> E de Dagon
> Com laisset si meteis aucir;
> E pueis d'Amier
> Lo fil Rainier
> Con fes lo jovencel burdir.
> E de Bazil
> De Falcembril
> Com fes son maltalan merir.
> Apren Caton
> E del mouton
> Com per maistre saup guerir.

Endlich *Bertran de Paris* de Rouergue (Guordo):
> Ni d'Odastres degun bo fag c'anc fes
>
> — —
>
> Ni com bastic lo palaitz ni la tor
> Devan Laon per lo bon rei trair.
>
> — —
>
> De Gairaudu no sabetz tan ni con
> Ni de Cobloy ni de Salapinel,
> Ni no sabetz d'Ariel lo cortes
> Que pres per cors de cabrols dos o tres
> E quis tostemps aventuras pel mon
> E vole saber cant a mar de preon.
>
> — —
>
> Ni d'en Guion de Maiensal valens.

Seguis und Valentza bei *Beatrix de Dia* (A chantar m'er):
> Ans vos am mais no fetz Seguis Valentza.

Bertalais. Eine Geschichte, in der ein Mann namens Bertalai und ein Ochse eine Rolle spielen.

Guiraut de Borneil (Geu m'aten):
> Merce noil deman
> Mas vau m'alegran,
> Qu'om non conogues
> Ni saubes l'afan,
> E cuit m'en partir,
> Pois en dei chauzir,
> Enten gran jauzimen
> Que n'aurai breumen
> E reveing
> Pel bel entreseing
> Que men 'e m'atrai
> Lo bou Bertalai,
> Que plus non ateing.

Und (Quan brancal broudels e rama):
> C'atressim son'cm reclama,
> Cum fetz los seus Bertalais.

Isnart d' Entrevenas (Rayn. V, 41):
> Si plagues an Blacatz,
> Pos novels es lo sos,
> Mais volgra sa chansos
> S'i mezes pois e pratz
> Hortz e vergiers foillatz,
> Espaign' et Almaria
> E Frans' e Lombardia
> E los bous (B bauç N bauzes D)
> Bertelai (N Bertalai)
> E los loncs jorns de mai
> Els dolze mes de l'an
> E l'erba saint Johan
> E la pasca floria.

Endlich im Lais Markiol (vor kurzem veröffentlicht von K. Bartsch Zs. für Rom. Phil. I. S. 61 ff.; Bartsch giebt auch a. a. O. S. 72 die vorhergehenden beiden Stellen, die schon bei Fauriel III, 500 mit der Bemerkung stehen: ces allusions se rapportent peut-être au roman de Berthe.):
> Mas eu sec la trassa
> Del bueu Bertolai.

Gormais. Fauriel tritt ferner aus einem Gedichte Guirauts von Borneil folgende Zeile mit (a. a. O. S. 502):
> La faula de Gormais

Guis d'Esiduoil. Fauriel gibt aus einem Liede Raimbauts von Vaqueiras (?) eine Anspielung, der ich auch keine andere an die Seite zu stellen vermag (a. a. O. S. 502):
> Com en Guis d'Esiduoilh
> A cui fon sovinenz
> La reine (?) entrels denz
> Don la fa del vergier
> Perdet.

Berenguiers de Tors. Auch nur bei Flauriel (III, 500) habe ich folgende Stelle aus einem Liede[1] Guillems de S. Gregori gefunden:
> Si fos viu Beringuiers de Tors
> Non saupra tan gent enchantar
> Cum silh quem fai velhan somphar.

---

[1] Wol aus Noit e jorn ai dos mals seignors. Dies Lied ist noch ungedruckt.

Golfiers de Tors.[1]) Bei Gauselm Faidit (Chant e deport vgl. Diez Werke d. Tr. S. 370):

    Aissil serai fis ses fals entresenha
    Cum fol leos an Golfier de las Tors,
    Quan l'ac guerit de sos guerriers peiors.

Nicola de Bar. Bei Raimon Jordan (D'amor nom puosc):

    Tals estarai cum Nicola de Bar
    Que si visques lonc temps savis hom fora,
    Qu'estet gran temps mest los peisos en mar
    E sabia quei morria cualque hora,
    E ges per tant no vole venir ensai;
    E si o fetz tost tornet morir lai
    En la gran mar, don pois non poc issir,
    Enans i pres la mort senes mentir.

Sangua la plasen. Bei Peire de Cols d' Aorlac (Si quol solelhs. Rayn. V, 309):

    E filh del duc per Sangua la plasen,
    Quan la laisset sobre la vertidura
    A la fon en dormen.

Tiflas de Roai. Bei Isnart d' Entrevenas (Del sonet d'en Blacatz):

    Ni Tiflas de Roai
    Ni Raols de Cambrai
    No i foron.

Linaura. Bei Guillem Arnaut de Marsan (Qui comte):

    De Linaura sapchatz
    Com el fon cobeitatz
    E com l'ameron totas
    Donas en foron glotas,
    Entrol maritz felon
    Per granda trascion
    Lo fei aucir al plag;
    Mas aco fon mot lag
    Que Massot lo aucis;
    En fo, so cre, devis
    E faitz quatre mitatz
    Pel quatre molheratz,
    Cest ac la maistria
    E d'intre sa bailia
    Entro que fon fenitz.

Am Schlusse angelangt, ziehen wir aus vorstehenden Zusammenstellungen und Betrachtungen das Resultat, dass im

---

[1]) vgl. Holland, Chrest. v. Troies S. 162.

allgemeinen die Kenntnisse der Provenzalen von epischen
Dichtungen aus Werken der nordfranzösischen Literatur stammten; indem die grosse Mehrzahl der gemachten Anspielungen,
ohne Verstoss gegen zeitliche Verhältnisse, aus nordfranzösischen
Dichtungen, die entweder noch vorhanden sind oder es einst
nachweislich waren, sich erklären lassen. Es muss dies nicht
allein für den antiken und für den bretonischen Sagenkreis
zugegeben werden, sondern auch für das französiche Nationalepos. Es kann hier nicht der Ort sein, die Argumente, die
gegen die Hypothese vom einstigen Vorhandensein einer nationalprovenzalischen Heldendichtung aufgeführt sind, noch einmal
vorzubringen. Wie mir scheint, hat Paul Meyer in der ihm
eigentümlichen klaren und präcisen Weise diese Frage endgiltig
beantwortet.[1]) Was ich zusammengestellt, kann keine Handhabe dazu bieten, um einen der beiden Haupteinwürfe gegen
das einstige Vorhandensein eines provenzalischen Nationalepos zu
entkräften. Vielmehr werden dieselben nur hierdurch verstärkt.
Der erste Einwurf war: „der Verlust der provenzalischen Heldendichtung ist eine unerklärliche Tatsache". Gewiss ist dies in
hohem Grade der Fall, wenn wie wir gesehen haben, die
provenzalischen Sänger es durchaus nicht verschmähten, die
Helden der epischen Volksdichtung als Muster anzuführen und
zwar nicht allein solche Helden, die allenfalls in Südfrankreich
heimisch genannt werden könnten, sondern auch solche, die
ohne Zweifel dem Osten Frankreichs angehörten. Der zweite
Einwurf: „Die Annahme, dass das provenzalische Nationalepos
einst vorhanden gewesen, ist keine notwendige", wird auch
durch die Zeugnisse, die wir aus den Troubadours zusammengebracht haben, nicht widerlegt. Denn wenn wir einzelne,
vielleicht in verderbter Ueberlieferung auf uns gekommene
Namen der Ensenhamens abrechneten, mussten wir gestehen,
dass alles andere aus den jetzt oder einst vorhandenen nordfranzösischen Nationalepen sich erklären liess.

Einige Selbständigkeit aber dürfen wir den Provenzalen
zugestehen auf dem Gebiete der Liebesnovelle. Ausser den

---

[1]) in seinen Untersuchen über die franz. Heldendichtung, Bibl. de
l'éc. des ch. VI. 3. bes. S. 46 ff. Nach ihm ist auch Gautier zu vergl.
Epopées françaises III, S. 8 ff.

noch erhaltenen Dichtungen müssen wir als provenzalisches Eigentum betrachten die Novelle von Andrieu von Paris und der Königin von Frankreich. Spuren von einigen andern verlorenen kürzeren Erzählungen (wie die von Bertolai, Linaure u. Massot) sind ebenfalls nicht zu verkennen. Zu diesen sind vielleicht auch provenzalische Virgilfabeln (italienisch-byzantinischen Ursprungs) zu rechnen. Endlich hat es sowol grosse innere Wahrscheinlichkeit für sich, als auch äussere Zeugnisse (ausser erhaltenen Erzählungen z. B. die Anspielungen auf Apollon. v. Tyrus u. a.) dafür sprechen, dass die Provenzalen selbständig byzantinische Stoffe zuerst dichterisch bearbeitet haben.